自分の名前で仕事がひろがる

「普通」の人のための SNSの教科書

noteプロデューサー／ブロガー
徳力基彦

朝日新聞出版

自分の名前で仕事がひろがる
「普通」の人のためのＳＮＳの教科書

Prologue

ネットとリアルを分けない発信がビジネスを制す

バズらなくていいし、ビビらなくていい

あなたは、SNSで発信をしたことがありますか?

ある、という場合、それは実名でしょうか、匿名でしょうか?

SNSやブログで発信することについて、どんなイメージをもっていますか?

「実名だと、個人情報が流出するかも……」

「文章力がないから、ブログなんて書けない」

「他人におもしろがってもらえるネタなんてない」

「炎上して、会社から注意を受けるかもしれない」

こんなふうに、ネットでの発信を難しく、重く考えすぎている人がいます。

自分がSNSやブログで発信することを、メディアやクリエーターのそれと、同等に考えてハードルを上げている人もいます。

そのためでしょうか、日本ではSNSやブログを実名で利用する人の割合が海外と比較して圧倒的に少なく、Twitterにいたっては匿名がじつに7割を超えています。

さらに、ビジネスパーソンが実名で発信しているケースも多いとはいえません。

その理由の一つとしては、組織によっては炎上のリスクを恐れ、個人の発信を禁止していたり、推奨していなかったりするところがあるからです。組織にとって、個人の影響力が増すツールは脅威にみえるのでしょう。

組織に属していると、人事や上司に目をつけられて居心地が悪くなっては困るし、下手な発信をして意図せずネット上で批判にさらされ、処分や解雇となってしまう事態は避けたいと思う人が圧倒的に多いのではないでしょうか。

SNSやブログをするならプライベート限定で匿名でいい。そう考えるのがある意味「普通」かもしれません。

しかし、ぼくはあえてこう言いたいのです。

SNS発信は、仕事の役に立つ。
組織に属するビジネスパーソンこそ発信しないともったいない、と。

なぜなら、SNSやブログによる発信は、ビジネスパーソンととても相性がいいから。たとえば……

・自著を出版できた
・ヘッドハンターからスカウトメールが届いた
・リファラル転職した
・複数の有名雑誌に取材された
・全国放送の有名バラエティ番組に出演した
・勤務先が大規模商業イベントに招聘《しょうへい》された
・大学講師として呼ばれた
・講演会への登壇を依頼された
・大型発注があった
・1万人規模のイベント開催につながった
・ウェブメディアから連載の執筆依頼が来た
・顔が知れて他部署と仕事がしやすくなった

・ベストセラー本の著者からフォローしてもらえた
・有名アーティストが投稿を拡散してくれた
・一流芸人の懇親会に参加できた
・勤務先が超一流外資の国内事業パートナーに選ばれた

これは、実際にぼくが聞いたネットでの発信で得られた効果のほんの一部です。

このように、SNSはあなたのビジネスに役立ち、キャリアアップにつなげることもできるコミュニケーションツールなのです。

組織人こそキャリアアップにつながる

本書では、SNS発信がビジネスパーソンの仕事に役立つ理由、実際に役立てるための方法を紹介します。通常、「SNS」といえば個人間のつながりをサポートする会員制のウェブサービスを指すことが多く、厳密に言えばブログやTwitterはSNSに含まれません。しかし、本書では説明の便宜上、「Facebook」「Twitter」「ブログ」

などウェブサービスによる発信をまとめて「SNS発信」とします。

ここで、ぼくがすすめるのは、広告収入でお金を稼いだり、インフルエンサーのようにネット上で目立ったりしようということではありません。**あくまで組織に所属しながら発信をしてキャリアアップにつなげる**ことを目的にします。

ビジネスパーソンにとっての発信のメリットは、その**「蓄積効果」**にあります。発信の一つひとつの効果は小さくても、それらは蓄積され、可視化されていく。継続的に蓄積された情報は、**発信者への信頼感を醸成します。**この蓄積効果はネット上だけにとどまりません。発信者の評価としてリアルに反映されていくのです。

メリットは他にもあります。あなたの情報を求めている人が向こうからやってきてくれる**「プル（pull）のコミュニケーション」**が生まれることです。直接会いに行ったり、話しかけたり、電話をかけたりするのは「プッシュ（push）のコミュニケーション」と呼びます。これは、どうかすると相手が求めていないときや都合が良くないときに、発信者側の都合で情報を押しつけてしまう可能性があります。

しかし、SNSやブログによる発信は「プルのコミュニケーション」ですから、発信を続けていると、向こうが好きなタイミングであなたの情報を検索し、読みにきてくれます。本当にその情報を必要としている人が必要としているときに届くのです。

インターネットが普及する以前は、コミュニケーションの手段は対面か手紙、電話しかありませんでした。知り合える人数はよほど社交的な人でもなければごく限られていて、ネットワークをひろげるにはそれなりの労力と時間が必要でした。

今は直接会わなくても、ネットを介して世界中の人とつながることができます。それどころか、インターネット以前には絶対に知り合えなかったような人と短期間でつながれます。

あなたの仕事や業界、得意分野に絞って発信を続けていると、相手が発信を見つけて読みにきてくれる。そこからコミュニケーションが発生し、リアルの出会いへとつながっていく可能性さえあるのです。

だからといって、才能がきらめくような発信でなければとか、大勢の耳目を引くとがった発信をしようと勢い込まなくていいのです。ビジネスパーソンには膨大なフォロワー数やPV数は必要ありません。ネットインフルエンサーのようにバズをねらってマスに受けなくてもいいからです。**自分のもっている情報を淡々と発信し、必要とする人だけに見つけてもらい、コミュニケーションがとれればいい**のです。

ＳＮＳやブログ発信をうまくつかい、自身のキャリアアップにつなげているビジネスパーソンがいます。発信がきっかけで新規案件を獲得する人、組織外で認められた結果、組織内でも評価が上がって新しい仕事をまかされる人、転職につなげている人もいます。

はたから見ると、運がいいだけとか、生まれ持ったキャラクターやノリのおかげだろうなどと思うかもしれません。しかし、ＳＮＳ発信の恩恵を受けている人の多くは、何も行動を起こさず、努力もせず、いい目を見ているわけではありません。フォロワー数が少なく、発信へのリアクションがほとんどない時期から地道に発信を続けて蓄積されたものが、今このタイミングで目に見えるかたちで評価されているだけなのです。

ＳＮＳ発信は、ビジネスパーソンにとってもっとも重要なコミュニケーションスキルをみがくことにもつながります。これからはリアルだけでなくネットでも、顧客とコミュニケーションをとれることが、仕事の幅をひろげるはずです。深い知識やすばらしい技術をもっているなら、なおさら、それをうまく発信できれば、仕事にもいい影響をもたらすでしょう。

「リアルの延長線上」でつかう

ネットは「バーチャルなもの」「特別な人のための特別な発信の場」という認識は、もう時代にそぐわないし、ネットとリアルをあえて分けて考えなくてもいいのではないでしょうか。

これからは、どんどん実名で発信していくべきだと思います。**SNS発信は「リアルの延長線上」でつかってこそ、ビジネスで真価を発揮する**からです。ぼくらができることを、リアルのその先まで拡張してくれるツールなのですから、リアルと同じ名前・同じ人格・同じ言動が自然です。SNS発信に対して感じる負のイメージは、リアルとは異なる匿名の別人格がたくさん存在しているからだと思うのです。

ビジネスパーソンならなおさら、リアルとネットを分けない発信を意識したほうがいいでしょう。そのほうが仕事やキャリアアップに役立ちます。

実名による発信は、ネット上に**自分の「分身」**を置くのと同じです。「分身」はネット上に発信者の情報を蓄え、他者とのコミュニケーションを誘発してくれます。「分身」の評価、「分身」によってひろがったコミュニケーションやネットワークは、やがてリアルの自分に反映されていきます。実名で発信することで、ネットとリアルが分断されずにすむのです。

ビジネスパーソンは、もっと仕事の文脈でネットコミュニケーションをしたほうがいい。

SNS発信は、生活に欠かせないツールになりつつあります。避けることは、仕事にメールや電話を使わないのと同じだと言っても過言ではありません。日常的にSNSでコミュニケーションをとる顧客とは、アカウントがないとつながれません。それに、ファンになってくれるかもしれない未来の顧客と潜在的な接点をつくって、ビジネスチャンスの種を蒔《ま》いておいて損はないのです。

ネットを恐れる組織

では、国内では実際にSNS発信はビジネスに生かされているのでしょうか。国内の20代のスマートフォンの個人保有率は94・5%（総務省 平成30年版情報通信白書）、SNSの利用率は78・5%（2018年総務省 通信利用動向調査）です。

しかし、彼らがＳＮＳ発信を仕事に十分生かしているとはいいがたい。なぜなら、その多くは仲間内に閉じたものだからです。プライベートに特化してつかっていても、ビジネスへの好影響にはつながりません。匿名での発信も同様です。実名発信であっても日常の独り言や有名人のリツイートに終始していては、ビジネスに役立てることはできません。

最近の若い人のなかには、就職活動で内定が出たとたんに実名アカウントを削除し、ＳＮＳをやめてしまう人もいると聞きます。人事にアカウントを知られて発信内容をさかのぼられ、過去の悪ふざけや対面では絶対に口にしないような強気の発信がバレる。その結果、内定取り消しや、組織内での立場の悪化を招くことを恐れているのです。実際に人事から「まさかＳＮＳをやっていないですよね？」「できればやめてほしい」と言われた人もいると聞きます。

だからといって、就職後に発信を再開するわけでもない。公然と実名でＳＮＳ発信をしている人など、職場に誰もいないからです。職場には「ＳＮＳ禁止」の空気が漂っています。

ただ、個人によるＳＮＳ発信の禁止を明確にうたっている組織はじつは多くないのです。仮に禁止していても、それは「就業時間内」に限った話。申請して認められれば、組織名や実名を出して個人で利用することを許可するところもあります。そもそも、**就業時間外の個人での発信を禁止する権利は法律上、職場にはありません。**

新人研修で電話のマナーを教えるように、組織は個人にビジネスパーソンとしてのネットコミュニケーションについて教えたほうがいいと思います。ところが、多くの組織が「こんな危なっかしいものを仕事でつかうなんてとんでもない」といわんばかりにネットと距離をとってしまっているのが現実です。

しかし、ゼロリスクにこだわって、これだけのメリットがあることを禁止してしまうのはあまりにもったいない。今後は組織も個人も発信の仕方を学んで適切なリスクをとりつつ、個人の発信力を利用してリターンをしっかりと得ていくべきです。

「したたか」に発信しよう

本書では、ＳＮＳ発信に対する思い込みを外し、ビジネスに役立つ発信のためのステップと、その方法を紹介していきます。ただし、大きなリスクをとってアピールしたり、発信によって独立することをすすめるわけではありません。

今、所属する組織で一生懸命仕事をしたい。そして、SNS発信によってさらにキャリアアップしたい。そう考える人が個人で発信をするための方法です。

ぼくもかつては「普通」の会社員でした。職場で壁にぶち当たって新卒で入った大企業を飛び出し、転職した会社は1年で退職。ベンチャー企業に転職してからも仕事はなかなかうまくいかず、クビの恐怖にさいなまれる日々を過ごしていました。

ところがブログやSNSをはじめたのをきっかけに、仕事がうまく回りはじめます。リアルの付き合いだけではとうてい得られなかったネットワークや、新しい仕事の場につながっていったのです。発信を見てくれた人から、思いがけない依頼が舞いこんだこともあります。

そのうち、所属先の会社よりぼく個人の名前のほうが一部のネット界隈では知られるようになり、最終的には会社に貢献できるようになりました。あこがれのブロガーや著者とつながり、イベントを企画し、本の出版も経験することができました。転職に成功し、そこで社長をつとめる機会までもらったのです。

SNS発信はリアルの限界を打ち破ってくれました。ぼくは、SNSに人生を救われたのです。

２０２０年7月1日時点での Twitter のフォロワー数は14・7万人。

もともと大企業にいたとは言え、「普通」の会社員だったぼくをここまで押し上げてくれたのはネットです。

ぼくは今、文章やマンガ、写真、音声を投稿できるＷＥＢサービス「note」でプロデューサー兼ブロガーと、ビジネスパーソンが個人でブログを書くことがあたりまえの世の中をつくるためのサポートに取り組んでいます。これは仕事であると同時に、ライフワークでもあります。それが、ブログの黎明期《れいめいき》からＳＮＳ発信に馴れ親しみ、「ＳＮＳに人生を救われた」自分にできる恩返しだと考えています。

本書は、そんなぼくの経験から生まれたものです。組織人がＳＮＳを仕事に生かすためには、発信のメリットとデメリット、リスクとリターン、発信ツールの特性を知り、仕事に役立つような発信内容や方法を考えなければなりません。

匿名で日記を発信しても仕事にはつながりませんし、ＰＶ数やフォロワー数を重視してバズをねらうネットインフルエンサー型の発信は危険すぎます。本書では、「普通」の組織**ソンのＳＮＳ発信には、戦略としたたかさが必要です。** **ビジネスパー**

人がつかえる具体的な方法やポイント、コツもお伝えしていきます。

「Withコロナ」「Afterコロナ」こそ

これまで、日本のビジネスパーソンの多くは実名でSNSをしなくとも、リアルの活動や発信のみで仕事が成り立ちました。組織も炎上のリスクをおかしてまで、個人が発信力をもつことを推奨し、実名発信をすすめる理由もなかったでしょう。

ところが状況が一変しました。この本を書いている2020年、世界は新型コロナウイルスのパンデミックに直面しています。未知のウイルスの前ではリアルのコミュニケーションは脆弱《ぜいじゃく》です。あっというまに、日常の人の行き来も接触もなくなってしまいました。

今や、リアルのコミュニケーションだけに頼っていては生活が成り立ちません。ビジネスにおいても、ネットワークづくりやアピールの機会、刺激を受け、成長するための機会が激減しています。ネット上に発信の場所をもたなければ生活もビジネスも困難な状況に陥っているのです。

「With コロナ」「After コロナ」においては、必ずや実名でのネットコミュニケーションが必須となるでしょう。SNSやブログの特性を熟知して組織に所属する個人が適切に発信をするなら、組織にとってこれほど強力な武器はありません。発信力のある個人ならば、SNS発信のメリットはかなり大きなものになるからです。

例えば全国でセレクトショップを展開するBEAMSは、店舗のスタッフ全員が実名・顔写真つきでブログを更新し、ネット経由の売上増加に貢献していた結果、コロナ禍における影響も他社に比べると最小限に抑えることができているようです。スタッフは思い思いに自分のおすすめの服や小物、それらを自分が身につけた画像を投稿し、顧客は同じ商品をECサイトで購入できます。スタッフと顧客がネット上でコミュニケーションをとることでファンを増やし、店頭の売上よりブログ経由の売上が多いスタッフもいるそうです。ネットのコミュニケーションの効果がリアルの店舗に還流し、ネットとリアルの好循環をつくり出しているのです。

組織が短期間で変わるのは難しいかもしれません。それでもぼくらは来たるべき未来に備えて、ビジネスでつかえるようにしておくべきです。

まずは個人レベルでSNS発信に慣れましょう。周りにそんな人がいなければ、ぜひ、あなたからはじめてみてほしいと思います。すでに発信で成功している人を羨んだり、妬んだりする前にアカウントをつくりましょう。発信しない理由を組織や上司に求めるのは終わりにしましょう。今は、あなた自身が変わるべき時です。

徳力基彦

目次

自分の名前で仕事がひろがる「普通」の人のためのSNSの教科書

Chapter.1 SNS発信で「わらしべ長者」になる

「ハプニング」を生む「プルのコミュニケーション」

Chapter. 2

「アウトプット・ファースト」でいこう

自分のための「メモ」からはじめる

【準備編】

【発信編】

Chapter. 3
アウトプットを、したたかにズラす
「メモ」からコミュニケーションを生む

Chapter. 4
ビジネスパーソンは「逃げるが勝ち」
「火事場のヤジ馬」にならない

Epilogue

＊本書に登場する方々の所属、肩書、ハンドルネームや、WEBサイトのURLなどは、すべて2020年7月時点のものです。

ブックデザイン　杉山健太郎
カバーイラスト　てんしんくん
編集協力　横山瑠美
校閲　玄冬書林
著者エージェント　アップルシード・エージェンシー

Chapter. 0

ぼくは SNS発信に 人生を救われた

「普通」の会社員が「プチ有名人」になるまで

Chapter. 0

巨大企業からのネガティブ転職

なぜぼくが、これほどまでに実名でのSNS発信をすすめるのか。その理由は新卒で入社した会社員時代にまでさかのぼります。

「巨大企業」。そんな言葉がぴったりの会社に、ぼくは新卒で入りました。日本人なら知らない人のいない会社、NTTです。

新入社員は3000人、配属された東海支社の同期は300人。魅力的な人ばかりで、彼らと仕事をしたり遊んだりするのは本当に楽しかった。ぼくは自ら同期の飲み会を企画し、新入社員研修後に同期の名簿をつくり、配属後は彼らと会うために東海支社内の他県を訪ねて回りました。それだけに会社への愛着もひとしおでした。

最初に配属されたのは営業部門です。名古屋で3年働きましたが、営業マンとしては押しが弱く、成績はパッとしませんでした。その後は社内のイントラネットづくりを担当したことをきっかけに、本社のIR担当になります。

目立ちたがり屋で新しいもの好きだったぼくはIRのウェブサイトを構築したり、

株主向けの郵便料金をコストカットすることに挑戦したりと、会社への貢献を考えて懸命に働いてきたつもりでした。

ところが、そんなぼくの行動は会社から評価されませんでした。

「NTTはマルチメディア時代に合わせて大きく変わっていかなければならない」

そう思って動いていたのですが、会社が求めていることとはズレていたようです。

同期たちはそんな社風に次第になじんでいきます。「新しいことをやろう！」とぼくが熱く語っても、賛同してくれる人はそれほど多くありませんでした。相手には相手の理屈があり、正義がある。そのことを当時のぼくはわかっていませんでした。頑張りは空回りするばかりで、会社で無力感を覚えることが増えていきました。

それでもこの会社でいずれ出世したいと考えていたぼくは当時、MBAを取るためにグロービス経営大学院に通っていました。そこで会社への不満をマッキンゼー・アンド・カンパニー出身の教授にぶつけたことがあります。「会社はこれから大きく変わっていくべきなのに、いまだに減点主義で仕事をしている。もっと新しいことにチャレンジすべきだ」と。ところが、ぼくの青臭い主張は教授に論破されてしまいます。

「NTTは99・99%インフラをきちんと回すのが使命の会社。君のようなスタンドプレー大好き人間が新しいものをどんどん入れてインフラが落ちたら困るでしょう？」

社内で評価されず、ビジネスの専門家からも滔々《とうとう》と諭されてしまったぼくは、次第に転職を考えるようになります。ちょうどグロービスで開催されていたキャリアプログラムの影響も重なり、会社をやめたい気持ちはどんどん膨らんでいきました。

今いる環境が嫌になったから会社をやめる、いわゆるネガティブ転職でした。

クビの恐怖でゲーム廃人寸前に

ＮＴＴをやめたぼくが入社したのは、ＩＴ系のコンサルティング会社でした。しかし、成果を出すことができず、仕事は1年しか続きませんでした。ちょうどそのころ、ベンチャー企業からオファーを受けて退職。アリエル・ネットワークというソフトウエアのベンチャーに「マーケティングマネージャー」として採用されました。

グロービスのマーケティングの授業で優秀賞を獲っていたため、意気揚々と働きはじめるのですが、これがまたうまくいかない。社員は10人でほとんどがエンジニア。営業担当が1人、ぼくがたった1人のマーケティング担当です。マーケティングの実務経験のないぼくが、これまた専門外のソフトウェアを売ろうとしているのです。うまくいくはずがありませんでした。

成果が上がらないことに業を煮やしたのでしょう。会社はついに、ぼくの上司としてソフトウェア業界の経験者を採用します。そしてぼくは、もう終わりだ、いつクビになってもおかしくないと感じるようになっていきます。

NTTを勢いで飛び出して、ITコンサルも1年で退職。壁を越える努力もせず、やりきった経験もなく、挫折のたびに環境を変えてきた。これでベンチャーをクビになれば、絵に描いたような転落人生だ――。

クビの恐怖におびえるようになったぼくは、毎日仕事を終えるとオンラインゲームの世界に逃げ込むようになります。会社から帰宅すると、夜中の3時までゲームをする。ほとんど寝ずにまた会社へ。ネットの世界が現実だったらいいのにと思うほどのめりこみ、ゲーム廃人寸前でした。

そんな状況から抜け出せたのは、ブログのおかげです。ブログをはじめる前に結婚し、自宅に妻の目があるようになったこともよかった。オンラインゲームができなくなったぼくは、かわりにブログを書きはじめます。2004年のことです。

ブログが起こしたリアルの「革命」

じつはブログをはじめたのは、これが最初ではありませんでした。前年にブログをはじめ、一度挫折しています。いつか本を出版したいという夢をもっていたぼくは、本の原稿を書くようにブログをアップしようと思いつきました。

そこで社員30万人のＮＴＴ、１５００人のＩＴコンサル、10人のベンチャーと規模のまったく異なる会社に勤めてきた経験を材料に本の章立てをつくり、ブログをアップしはじめます。しかし、すぐに挫折。「本の原稿になるんだから」と気負ってしまい、気軽に書けなくなったのです。

では、なぜ２００４年にはじめたブログは続いたのか？　振り返ってみると、ブログを「コミュニケーションの場」として楽しんでいたからだと思います。楽しいことだから、自然と続けることができたのです。

ぼくが尊敬し、当時よくのぞいていたのが『ウェブ進化論』（ちくま新書）の著者、梅田望夫《もちお》さんのブログでした。アメリカ在住のＩＴ企業経営コンサルタントである梅田さんは、ブログでＩＴ業界の動向をテーマに発信をされていました。

ぼくは梅田さんのブログを読んですっかりファンになりました。梅田さんがあるテーマについて書くと、読者がそのテーマに対してコメントしたり、それぞれのブログで意見を書いて発信したりしていました。ぼくも自分のブログで梅田さんが取り上げたテーマについて自分の考えを書くようになっていきます。

そのブログのトラックバック（自分のサイトで引用した記事のリンクをつくると相手に通知が行くシステム）を梅田さんに飛ばす一方で、同じ話題で発信している他人のブログも読みにいくようになりました。もともとおしゃべり好きで、グロービスで異業種の人たちとディスカッションするのが大好きだったぼくは、ブログもおしゃべりやディスカッションの場なのだと感じ、熱中していきました。

ブログが仕事に役立つかもしれないと思ったのは、それからしばらく経ってから。梅田さんのオフラインミーティングがきっかけです。あこがれの梅田さんの話を間近で聞けるということで、ぼくは張り切って参加しました。会場へ行き、隣に座った人と名刺交換をします。すると、その人がこう言ったのです。

「あ、ブログ読んだことあります！」

梅田さんにもご挨拶したところ、頻繁にコメントをし、トラックバックを飛ばしてくるぼくのことを認識してくれていました。

一度も会ったことのない人たちが、自分のことを知っている——。このときの感覚は、ぼくにとって「革命」でした。ぼくは自分が楽しくて梅田さんや他の人のブログをのぞき、自分のためにブログをせっせと更新していましたが、読み手にとっては、ぼくも情報を発信する「メディア」だったのです。

しかも、インターネット以前なら会えなかったかもしれない有名人と気軽に話をすることができ、相手もぼくを知ってくれているなんて。そのことも衝撃的でした。**雲の上の存在として君臨している「先生」と「聴衆」でなく、双方が認識し合うフラットな関係を築けているのです。**そのすばらしさに、このときはじめて気がついたのです。

それまでは、ネット上で起こることはあくまでバーチャルの世界に限ったことだと思っていました。ところがブログを一生懸命書いていると、リアルでもおもしろいことや良いことがたくさん起こるのです。ぼくはますますブログに熱中していきました。

「大企業的思考回路」からの脱却

ブログにハマったぼくは、SNSもはじめるようになります。そこでは別の気づきを得ることができました。それはネット業界の関係者の多くがSNSを通じて個人同士でつながり、日常的にコミュニケーションをとっていたということです。

その当時アリエルでマーケティングをしていたぼくは、何とかして他社と提携し、会社の存在感を出したいと考えていました。うちの会社にはこんなに優秀なエンジニアがいるのにどうして興味をもってもらえないんだろう、なぜ話題にならないのかと真剣に悩んでいました。そのため、主役のエンジニアたちをいかに前面に出すか、ぼくは遅くまで会社で残業して考えていました。長時間会社にいることで、社内や上司に自分の頑張りをアピールしたいという思いもありました。

そんな働き方ではダメだと気づいたきっかけは、SNSのGREE《グリー》に招待されたことです。そこでぼくは、SNSがネット業界、スタートアップ業界のネットワーキングの場所になっていることを知ります。会社の垣根を超えて、この業界の人たちはすでに友達になっていたのです。

ぼくには思い込みがありました。企業の提携というものは、企業の上層部同士がまず名刺交換をし、何回も打ち合わせをしておたがいのもつリソースや能力を吟味してようやく合意にいたるものだと。

ところが実際は、個人と個人がSNSでつながり、日常的にゆるくコミュニケーションをとっている。そのうちに志が同じだとわかって盛り上がり、仕事につながっていくパターンが多々ありました。スタートアップやベンチャー、ネット業界ではなおさらその傾向が強いのです。

「会社員は会社のなかで仕事をすべき」という「大企業的思考回路」から抜け出したぼくは、会社での残業をやめ、個人でSNS発信をしながら、どんどん外へ出てネットワークをひろげるようになりました。会社のブログも開設し、「TechCrunch（スタートアップの紹介やインターネットの新プロダクトのレビュー、業界の重要なニュースを扱うテクノロジーに特化したメディア）のように新しいウェブサービスのレビューをアップすることもはじめます。オウンドメディア（企業や組織が消費者に向けて発信するメディア。自社制作の広報誌やウェブサイト、ブログなど）の走りのようなものです。

そのうち、一部ネット界隈では「アリエル・ネットワーク」の名前より「徳力基彦」のほうが有名になる事態が起きます。ぼくへの興味をきっかけに会社のことを調べてくれたり、ぼく個人のブログを経由して会社のウェブサイトを閲覧してくれたりする人が増え、自社の商品を知ってもらえるようになっていきます。インターネット関係の新サービスについて検索する人がアリエルのブログにたどり着き、「これを書いているのは誰だろう？　この人の所属する会社はどんな会社だろう？」と興味をもってくれることも増える。そんな好循環が生まれたのです。

こうして自分なりに会社に貢献できるようになると、クビへの恐怖感はいつしか薄れ、仕事がどんどん楽しくなっていきます。かつて、仕事で行き詰まるたびに転職し、一時はオンラインゲーム廃人寸前までいった自分はもういませんでした。ぼくは、ＳＮＳ発信に人生を救われたのです。

ブロガー企画立ち上げでプチ有名人に

仕事以外でも、おもしろいことが次々と起こってきます。ブログのすばらしさを伝えたい、ブログ仲間をもっと社会に増やしたいと考えたぼくは２００５年、「アルファブロガー・アワード」を立ち上げました。投票によって日本で影響力をもつ有名ブロガー20人を選出し、彼らに関連する企画を実行したのです。

アメリカでは当時、影響力をもつブロガーは「アルファブロガー」と呼ばれていました。日本にもアルファブロガーがいると発信すればブログ仲間を増やせるかもしれない。アルファブロガーを集めたイベントや飲み会を開催すれば、ブロガーもお客さんもよろこぶだろうし、自分も彼らと知り合いになれる。そんな期待がありました。

この企画から『アルファブロガー——11人の人気ブロガーが語る成功するウェブログの秘訣とインターネットのこれから』（共著、翔泳社）という本も出版できました。すると、ぼくは企画を立てて実行したというだけで、アルファブロガーではないのに、「アルファブロガーの徳力さん」と呼ばれるようになります。概念を広めた人間としてプレゼンスまで向上し、プチ有名人になったのです。

これは想定外でした。知名度が上がった結果、アジャイルメディア・ネットワークという会社の創立メンバーとして声をかけられ、社長もつとめることになります。

あのままゲームにのめり込んでブログをはじめていなければ、間違いなくできなかった経験です。本など一冊も出せなかったに違いありません。

Chapter. 1

ＳＮＳ発信で「わらしべ長者」になる

「ハプニング」を生む「プルのコミュニケーション」

障壁となる「思い込み」

ブログやSNSがリアルにいい影響をもたらした経験から得られた最大の学びは、**「ネットとリアルを分けて考えない」**ということです。

これまでぼくらは、ネットをバーチャルなものだととらえてきました。だからSNS発信をするときは匿名やハンドルネームで登録し、リアルの自分とは別の人格で発信することがあたりまえになっていったのだと思います。

ネットとリアルを分ける意識は想像以上に根深い問題です。こうした意識がSNS発信をビジネスにふさわしいツールではないと誤解させる原因の一つとなっています。

しかし、前述したように、実名で発信すれば、二つの人格は同じになります。ネットはリアルと地続きとなり、そこで得たものはリアルにも反映されていく。うまく発信できれば、ネット上での評価によってリアルのプレゼンスまで上がるのです。

他にも、ビジネスパーソンが発信をためらう原因となる思い込みが存在します。まずは、この障壁を外すことからはじめましょう。

文章力や完璧さは追求しない

ぼくがSNSをしましょうよ、とお誘いすると「文章力がないから無理」「誰も知らないようないい話は書けない」という人が少なくありません。あなたが作家志望やジャーナリスト志望なら話は別ですが、そうでなければ、こうした思い込みは不要です。さっさと捨ててしまいましょう。自分で引き上げているハードルを下げるのです。

ビジネスパーソンのSNS発信に、高度な文章力は必要ありません。ぼくらの目的は、文章のうまさを認められることではなく**「仕事に役立てること」**。自分がこれから書くものを「作品」「記事」「コラム」と思わないことです。

あなたはふだん、仕事やプライベートでメールやチャットをつかっているのではないでしょうか？　文章のレベルとしては、それで十分です。SNS発信は「コミュニケーション」です。友人や同僚とのおしゃべりの延長だと意識を変えてみてください。「発信」という言葉を重く受け止めすぎないようにしましょう。

美文麗文、すきのない文章、間違いのない完璧な内容をめざす必要もありません。いつか完璧で満足できるものが書けたらアップしようと考えたところで、そんな日は永遠にやってきません。

少々甘いところがあっても、思いきって公開してみてください。読んだ人があなたの発信に対して、補足やアドバイスをくれるでしょう。「完璧なものを発信できないダメな自分」ではなく、**フィードバックをもらえたことに目を向けてみてください。**相手から反応があれば楽しくなります。そこに、SNS発信の価値があるのです。

「メディア」だと思わない

真面目な人やメディア系の仕事をしている人ほど、個人のSNS発信をニュースメディアの発信と同じようにとらえる傾向があります。

しかし、くりかえしになりますが、ビジネスパーソンのSNS発信はコミュニケーションの手段であり、リアルのおしゃべりと同じです。ニュースサイトや有名人ブログのような「メディア」ではありません。

ブログやSNSを「メディア」と考えると、発信のハードルは一気に上がってしまいます。誰も知らない話を書こうと思うと、気軽に発信できなくなります。

ＳＮＳ発信の初期は、野球と似ています。素振りをしないと、体はどんどん固くなってしまいます。素振りが満足にできないのに、いきなりホームランを打とうとしても無理です。日々、気楽に素振りができるよう、発信のハードルは下げましょう。

友人とおしゃべりするときに、ちょっとカッコつけたくなることはあっても、「知らない話を提供しなければ」「ここで鋭い意見を言わなければ」とは思いません。ブログやＳＮＳで発信するときも同じ意識でいいのです。

もちろん、読んだ人が傷ついたり、気分を害したりしないよう配慮する必要はありますが、それはネットでもリアルでも同じこと。社会人として常識的な感覚をもっている人ならわかるはずです。

くりかえしになりますが、人がまだ知らない話、誰かの心を揺さぶるような印象的な話を発信しようと考えるのは、あくまで「メディア」の視点です。どうか、肩の力を抜いてください。

お金儲けを考えない

時々、うまくブログを書ければラクにお金儲けができると思い込んでいる人に出会います。たしかにブログで生計を立てている人はいます。けれども、ビジネスパーソンがSNS発信をするとき、**まずは「稼ぐ」ことから離れましょう。**

しつこいようですが、究極の目的は「仕事に役立てること」です。その原点に立ち返れば、お金儲けを目的にすると組織で浮いた存在になり、悪目立ちしかねません。「副業をしているのか」「転職するために発信しているんじゃないか」と勘繰られ、上司や人事から目をつけられて、発信を仕事に生かすどころではなくなります。

このChapterの冒頭でもお伝えしたとおり、SNS発信は、あくまでリアルの仕事の延長線上にあるものととらえてください。リアルの仕事にSNS発信を組み合わせることでいっそう成果が上がり、その結果、リアルの年収が上がるかもしれない。そのほうがよっぽど、お金儲けとしてはスジがいいと思いませんか？

発信で億単位のお金を稼いでいるYouTuberもいます。ただ、これは動画の世界だからできることでもあります。ネットメディアの収益性の低さをみればわかりますが、文字による発信は広告の単価が低く、お金儲けにつなげるのはたいへんです。その意味で、ブログやSNSはそもそも稼ぐのには向いていません。

もう一つ大事なことは、YouTuberにしても稼いでいるブロガーにしても、発信をはじめたばかりのころは「全然儲からなかった」ということです。彼らは発信そのものが楽しく、それに対する人々のリアクションによろこびを見出していたから、儲からなくても続けられたのです。その発信が蓄積し、ファンが増え、いつのまにか仕事になり、お金を稼げるようになったのです。

つまり、発信そのものを楽しむのが先決です。そして、発信を楽しむためには、お金儲けから離れることです。

そしてSNS発信によって**リアルの世界をひろげていくことに注力するべき**です。そのほうが結果としてお金を稼ぐことにつながりますし、仕事にいい影響をあたえることができます。

役立つ情報かどうかは自分で判断しない

ネットサーフィンをしていると、自分に役立つ発信をしてくれている人は必ずしも著名な作家やジャーナリストばかりではないと気づきます。みなさんも、誰が書いたかわからないブログやSNSの投稿から刺激を受けたり、感動したり、勉強になったりした経験はあるでしょう。しかも、その文章は必ずしも美文や名文ではないはず。

ネットの世界では、業界のピラミッドの頂点にいる経営者や第一人者の情報だけが求められているわけではありません。少数ではあってももっと細かなニーズをもつ人がネット上の情報を日々検索し、自分の求めている情報を探しています。ためになると思えば、頻繁に読みにきてくれます。**どんな立場の人であっても、その人のもつ情報を求めている人は世の中にいるのです。**

たとえば、大学生に向けた就職活動のアドバイスなら、就活の専門家よりも新入社員の発信のほうが役に立つ場合があります。大学受験指導のプロフェッショナルより、この春に大学に合格したばかりの大学1年生が受験勉強のコツを語ったほうが参考になるかもしれません。

だから、「自分には発信するようなネタはない」「発信に値する人間じゃない」と卑下する必要はまったくありません。自分と同じ立場の人、似た悩みをもっている人、同じ趣味や興味関心をもつ人……。あなたの発信が誰かの助けになり、問題解決のヒントになることは十分あり得るのです。それがSNS発信のおもしろさです。

仕事に役立つ三つの理由

なぜ、SNS発信をするとリアルにもいい影響があるのでしょうか？　そこには、次のような三つの理由があります。

①「プルのコミュニケーション」ができる

Prologueにも書いたように、一般的にリアルのコミュニケーションは「プッシュのコミュニケーション」、ブログやSNSをつかったネットのコミュニケーションは「プルのコミュニケーション」と呼ばれています。

プルのコミュニケーションにはプッシュのコミュニケーションにはないメリットがあります。それは、**コミュニケーションコストが低く、あなたにも相手にも負担が少ない**こと。そして、**「ハプニング」を生み出してくれる**ことです。

まず、プッシュのコミュニケーションから説明します。

リアルで人とコミュニケーションをとることを思い浮かべてみてください。

あなたがある映画について誰かと話したいと思ったら、リアルではこちらから行動を起こす必要があります。話したい相手を見つけて、話しかけるという行動です。相手が友人や同僚ならまだいいのですが、目上の人だったり、社会的地位のある人だったりすると、話しかけるのも気が引けます。

また、せっかく話しかけてみても、「その映画は見ていない」「見たけどとくに感想はない」と言われれば、そこでコミュニケーションは終わってしまいます。映画を見ていて、かつそれについて話したい人と出会うのは、リアルでは骨の折れることです。興味のない人に無理やり話を聞かせれば、それは押しつけになり、嫌がられるおそれもあります。プッシュのコミュニケーションはコストが高いのです。

実を言うとNTTの新入社員時代、ぼくは完全に「プッシュ型人間」でした。みんなに自分の話を聞いてほしくて、同期100人のメーリングリストをつくり、何かあるたび思いのたけを長文にして送っていました。「熱いやつ」といえば聞こえはいいですが、人によってはスパムメールのように感じた人もいるかもしれません。当時はブログやSNSが一般的でなかったため、自分の話を聞いてほしいときは、プッシュのコミュニケーションに頼らざるを得ませんでした。

次に、プルのコミュニケーションについてです。

プッシュに比べると、プルのコミュニケーションのコストは低いです。**プッシュより気軽にでき、その範囲はプッシュのコミュニケーションよりひろがりやすい**

性質をもっています。

たとえば、映画の感想を書いたりアップしたりする手間と時間は必要ですが、ブログやSNSに感想を上げておけば、読むか読まないか、いつ読むかは相手の自由です。そのため、その映画について知りたい、語りたい人があなたのSNSを検索で見つけ、自分のタイミングで読みにきてくれます。興味のある人が向こうから自発的にやってくるわけですから、押しつけになりません。

メーリングリストのように相手に直接情報を送りつけたほうが一見、大勢が読んでくれそうに思いますが、実際は逆です。**情報をネット上に置いておくほうが、心からその情報を求めている人が少しずつ増えていくのです。**これがプルのコミュニケーションのメリットです。

SNSのおかげで、プッシュだけでなくプルのコミュニケーションもつかえるようになりました。そのため、面識のない人、遠くの人ともつながることが容易になったのです。

インターネットが普及する前は、コミュニケーションできる人数は限られていました。直接リアルで会える仕事先の同僚、上司、取引先の人、友人、家族、習い事や地域コミュニティなどで知り合った趣味の仲間、こんなところだったでしょう。同じ興味関心をもつ人、とくにマイナーな趣味の持ち主やニッチな業界の仲間と出会い、コミュニケーションをすることはかんたんではありませんでした。

インターネット以後の現在は、発信さえきちんとしておけば、誰かが自分の思いや意見を受け止めてくれる可能性があります。同じ興味関心の人が、検索機能をつかってあなたを探してくれます。同じ業界の、直接仕事をしたことがない人とも知り合うことができます。インターネット以前はまず会えなかったような人、面識のない人と、気軽にスピーディーにつながることが可能になっているのです。

しかも、彼らは自発的にやってきてくれます。思ってもみなかった相手が、自分に関心を寄せ、コミュニケーションをとろうとしてくれるのです。これはSNS発信ならではのうれしい「ハプニング」です。この特性をビジネスに活用すれば、最強です。なぜなら、向こうが求めてくれているのですから。

②「蓄積効果」がある

ＳＮＳ発信には**「蓄積効果」**があります。

ニュースメディアとは違い、ぼくらの発信できる情報は地味で小さなものかもしれません。しかし、小さな発信も継続すれば実績として蓄積され、可視化されていきます。ブログで発信しておけば、検索もかんたんにできます。**発信を継続することによって、発信者側に対する安心感、信頼感が醸成されていきます。**

インターネット以前、書き手と読み手のあいだには明確な線引きがありました。自分の意見を発信できるのはケタ違いにすぐれた人物、功成り名遂げた人物といったほんのひと握りの人たちだけでした。そのため、新聞・雑誌といったメディアでの連載や本の出版は、彼らにだけ許された特権だと思われていたのです。

インターネットのおかげで、「発信」という行為が個人にも開放され、ぼくらは気軽に情報発信ができるようになりました。ちょっとした情報にも価値はありますし、それを求めている人がいます。個人の意見が拡散し、世論を形成することもあります。

小さな情報も、積み重なれば大きな力となります。ビジネスパーソンであれば、自分の仕事に関連するテーマについての学びや気づき、雑感を発信しておくと、それはのちのち他の人との大きな差別化になります。**ネットの蓄積効果が、リアルに還流される現象が起こるのです。**

たとえば、転職活動を考えてみてください。インターネット以前は、履歴書と試験、面接の印象が合否のほとんどすべてを左右しました。履歴書でよい印象を残し、試験で一定レベル以上の成績をおさめ、面接のあいだの一瞬一瞬、一挙手一投足で相手に好印象をあたえ、高い評価をつけてもらう必要がありました。

インターネット以後、ぼくらはSNSで日常的に発信することができます。自分がどんな人間か、どんな仕事をしているか、どんな考えをもつ人間か、将来をどう考えているかを日々の発信の蓄積によって読み手に知ってもらうことができます。情報発信し続けていれば、「会社をやめました」と発信したとたん、転職のオファーが数十社から殺到することもめずらしくなくなっています。

③アウトプットが「思考訓練」になる

SNS発信は、ビジネスパーソンとしての自分の考えをアウトプットする場です。そのため、発信を続けることは**「思考訓練」**になります。

インターネット以前、情報は貴重なものでした。ぼくらは自分に関係のある情報を新聞、雑誌、テレビ、友人・知人から収集し、必要な情報は記憶したり保管したりしてきました。そのため、インプットに長《た》けた人、記憶力のよい人が評価されてきました。日本の学校教育や受験もまさにインプットを重視する仕組みとなっています。

インターネットが登場してから、世の中の情報量は爆発的に増えています。このような時代にあっては、**もはやインプットに昔のような価値はありません。**これからは情報と向き合う姿勢を180度変えなければ、情報の海でおぼれてしまいます。

無限に増える情報を記憶することはあきらめましょう。それより、**ネットを活用して必要な情報を必要なときに引き出せるようにしておくほうが、はるかに重要**

です。そこで欠かせないのが、ＳＮＳ発信を活用したアウトプットです。

人間は読んだことの10％しか思い出すことはできませんが、言ったり書いたりしたことは70％ほど思い出せるといわれています。**情報をインプットしたら、記憶しておきたいことは分析や意味づけをしながら書きましょう。**それを発信して、ネット上に蓄積しておきます。情報が必要になったら、検索で引き出すことができます。検索時のトリガーをつくるためにも一度は書いておく。つまりアウトプットしておくのです。

アウトプットを前提にしておくと、情報のインプットのしかたはおのずと変わります。漫然と本を読み、ネットでニュースを流し見して満足するのではなく、気になるところに付箋《ふせん》を貼ったり、メモをとったりするようになるはずです。インプットした情報だけを発信してもおもしろくありませんから、そこに**自分の考えもそえてアウトプットする。**このインプットからアウトプットまでの一連のプロセスを日々くりかえしていると、思考訓練になります。

組織に依存しなくなると仕事がうまくいく

Chapter.0でもふれましたが、かつてぼくがネット上で「プチ有名人」となり、所属先の組織より名前が知られるようになったことがありました。このように、SNS発信がうまくいくと所属する組織外で評価が高まり、リアルのプレゼンスも向上していきます。

そうなると、おもしろい現象が起こります。**「SNS発信をうまくやっているらしい」「社外で認められているらしい」と組織内で評判がひろがり、仕事がしやすくなる**のです。つまり、新しい仕事を振られる、プロジェクトのメンバーとして呼ばれる、会社のSNSの運用をまかされるなどといったことが起こってきます。組織外での評価が、組織内での評価につながるのです。

組織も才能ある人材は引き止めたいので、活躍の場をあたえようとするでしょう。目立つ人材がいれば「うちの社員です」「社外でこんな活躍をしている人がいます」

と発信でき、**組織のブランディングや採用活動に有利になる**からです。

SNS発信をしていると、所属する組織を超えて自分の世界がどんどんひろがっていきます。**一つの組織に依存しない人間になれます。**それは今いる組織を飛び出して転職先を見つける、副業・兼業をすることだけを意味するのではありません。

あなたに転職希望があろうとなかろうと、環境が激変するこの時代に一つの組織だけに依存するのは大きなリスクです。組織での仕事や人間関係がうまくいかなくなったり、突然会社がつぶれたりすると、またゼロから仕事を探し、ネットワークを立ち上げていかねばなりません。しかし、リアルだけでなくネットで世界をひろげておけると、何かあったときにあなたの助けになってくれる可能性があります。

ネットでは効率よく短期間でコミュニケーションをとれますから、ネットワークをひろげるのにそれほどコストはかかりません。自分にとって有益な教えや助言を発信している「師匠」を見つけ、勝手に「師事」することができます。同じ業界の「同期」や「仲間」を見つけたり、似たポジションで頑張っている「戦友」を見つけたりすることもできます。

こうした活動でリアルを拡張しておけば、一つの組織にしがみつく必要はなくなります。かつてのぼくのように、世界がひろがると組織に依存しなくなり、かえっていい働きができるものです。そして、外部の人たちとも自然にコミュニケーションをとってネットワークをひろげていける人材は、組織にもいい影響をあたえるはずです。

「シンデレラ」でなく「わらしべ長者」をめざそう

〝継母やいじわるな姉たちに虐げられていた少女の前にある日突然、魔法使いや王子様があらわれ、幸せになる〟

童話『シンデレラ』のような幻想をいだいているビジネスパーソンがいます。今は職場でくすぶっているけれども、いつか上司や人事が自分の価値を認めて異動させてくれて、チャンスを得られる。そうなればやりがいのある仕事を振ってもらえて、ふさわしい地位につけるかもしれない……。しかし、そんな日が都合よくやってくるとは限りませんし、待っているだけでは時間はどんどん無為にすぎていってしまいます。

そんな「シンデレラ・シンドローム」は、今すぐ捨てませんか。本書を手に取ったあなたは、もっと現実的な手段があることに気づいているはずです。

みなさんは、『わらしべ長者』という昔話をご存じだと思います。転んで一本の細い藁《わら》を手にした貧しい男が、その藁をアブにくくりつける。その藁とアブを周りから求められるがままに次々と別のものへと交換していき、最終的には大金持ちの娘が嫁にくるというストーリーです。

ネットでの発信を地道に継続することには、そんな「わらしべ長者」のような効果があります。日々の小さな発信が少しずつ蓄積されていき、大きな成果を呼び込む。まさに「わらしべ長者」なのです。

Column 1

今、ぼくらがSNS発信をする意味

あなたが今、仕事がおもしろくなくて、組織に対する愚痴をいったり、うまくいっている人を妬んでやきもきしているなら、その時間を、すぐにSNS発信をはじめるほうに振り向けることをおすすめします。それもできるだけ早く！

悩んでいる時間がもったいない、ということもありますが、ビジネスパーソンにとってネット上にコミュニケーションの場をもっておくことが、今、重要な状況となっているからです。

2020年がスタートして春を迎えようというとき、世界の状況は一変し、新型コロナウイルス感染症のパンデミックによって身近に感染症の脅威があることを実感することとなりました。このような状況下では、リアルでの人と人との接触ができない。旅行やイベントはおろか、気軽に外食もできません。もちろん、毎日のオフィスへの出勤やミーティングもままなりません。

欧米では、地続きだったり、国土が広いこともあり、以前から電話会議やウェブ会議システムがビジネスの現場に浸透しています。アメリカではビジネス用のSNS、LinkedInを通じてビジネスのマッチングをしたり、オファーが成立したりということが日常的です。

日本人はこれまで、顔と顔を合わせる対面のコミュニケーションを重視してきました。国土が狭いことも関係しているでしょうが、全国各地から支社のスタッフが東京本社に集まってミーティングをするとか、新しいプロジェクトがはじまると、「とりあえず会いましょう」と対面で顔合わせをするといった光景はさほどめずらしいことではありません。

しかし、そのようなリアルのコミュニケーションはパンデミック下では難しい。あれほど日本で導入が遅れていたリモートワークが、猛烈なスピードで浸透しつつあります。

もし、デジタル技術がここまで進化しておらず、SNS発信もまだ一般的でなかったら――。

ときおり、ぼくはそんなことを想像します。インターネット以前にパンデミックが起きていたら、どうなっていたでしょうか？　リアルに会えるのはほとんど家族だけ。友人や仕事仲間や上司とはなかなか連絡がとれない。連絡の手段は手紙と電話、ファックス。家で仕事をするといっても、できることにはかなり制限があるでしょう。それ以外では本を読み、テレビを見続け、家でゴロゴロする生活に追い込まれていたのではないかと想像します。

しかし、今はネットによるコミュニケーションツールがあります。離れている家族や親戚、友人と直接会うことはかなわないけれど、メールやテレビ電話、ウェブ会議システムをつかって連絡をとることができます。顔を見ることができます。ネットをつかっての買い物、オンライン学習、イベント参加、エンタメの鑑賞も可能です。

仕事も、一部に不便なところはあるにせよ、ネットのおかげで自宅にいながらにして続けることができます。デジタルシフトを進めていた組織は、外出自粛で顔を合わせての仕事ができなくてもさほど影響はないでしょう。スムーズにリモートワークにシフトできています。

実名でSNS発信をしていれば職場の何気ない雑談も、業務に必要な連絡もできます。仕事関係の人とのコミュニケーションもこれまでどおりです。友人や同僚と顔を見ておしゃべりをしたり、オンライン飲み会をしたり、コミュニケーションをとることはできます。離れた家族や友人たちと直接会えないさびしさは感じるものの、大きな支障は生じていません。

かたや対面での会議や実物でのやりとりにこだわり、デジタルシフトを拒んでいた組織のなかには、リモートワークにシフトチェンジできなかったために感染の危険をおかして出社せざるを得ないところもあると聞きます。

なんとかリモートワークに移れた組織でも、ネット上にコミュニケーションの場をつくっていなかったビジネスパーソンはとてもさびしい思いをしているのではないでしょうか。困るのは、孤独感にさいなまれることだけではありません。実名でSNS発信をしなければ、人とつながる機会がなくなります。対人関係が薄くなるため、刺激が少なく、成長を促進されることもない。自分や仕事の成果のアピールも難しくなります。

ネットはリアルの延長線上にあると説明してきましたが、感染症の脅威はネット上のコミュニケーションにおよぶ心配はまったくありません。リアルのコミュニケーションは感染の危険がありますが、ネットではそれがない。これは今、ひじょうに大きなメリットです。今こそ、ビジネスパーソンはSNS発信をはじめるべきタイミングだといえます。

身近にパンデミックの脅威があるとわかった今、ＳＮＳ発信を避ける意味はもうないはずです。ネットで実名発信する必要性は、生活においてもビジネスにおいても否応なしに増していきます。

このピンチを、遅々として進まなかったデジタルシフトへの機会ととらえるなら、ビジネスの文脈で個人がＳＮＳ発信をすることがあたりまえの世の中になっていくのではないでしょうか。

Chapter. 2

「アウトプット・ファースト」でいこう

自分のための「メモ」からはじめる

発信ツールの特性を知る

Chapter.2からは、いよいよSNS発信の具体的な方法に入ります。

発信にあたり、まずはツールを選びましょう。いろいろあって迷うかもしれませんが、たくさんの人が登録しているものほどネットワークのひろがる確率が上がり、仕事に役立つ可能性も高まります。

ツールの特性によって得られる効果は変わりますから、自分の仕事や業界にいちばんいい影響がありそうなものを選ぶとよいです。友人や同僚、先輩がつかっているもの、業界でよくつかわれているもの、顧客がつかっているもの……。何を基準に選ぶかはあなたの考え次第ですが、日本でなじみのある代表的なツールは以下の三つです。

Facebook

国内の月間アクティブユーザー数は2800万人（2019年9月時点）。実名登録が基本のため、ビジネスパーソンがSNS発信をはじめるのにもっとも適しています。ビジネスパーソンの利用が多いことから、**仕事関係の人とつながりをもちやすいSNS**です。コメント欄が掲示板的な見た目ですから、SNSがはじめての人もネット上のコミュニケーションの雰囲気を味わいやすいはずです。

Facebookで自分の発信を相手に届けるには、双方向で承認して相手と「友達」になる必要があります。そうすれば相手の発信も見ることができます。そのため、フラットな関係をつくることができます。

相手があなたからの「友達リクエスト」を承認してくれさえすれば、数人、数十人とは比較的すぐにつながれるでしょう。もちろん、相手のほうから友達になってほしい、とリクエストがくることもあります。

Facebookは、リアルの人間関係が反映されやすい、知っている人とつながることが前提のSNSです。リアルの交友関係が広いと、あっというまに友達の数が増える傾向があります。Facebookでの発信は友達限定の場合が多いため、リアルで面識がないと、友達リクエストを送っても反応がないことが多々あります。面識のない人が向こうからやってくる「プルのコミュニケーション」は起こりにくいといえます。

Twitter

国内の月間アクティブユーザー数は４５００万人超（２０１８年10月時点）。10代〜20代の利用が多く、匿名利用のユーザーが多いＳＮＳです。

Twitter の最大の特徴は、**１４０字の文字制限があるところ**です。文字数が少ないためにスピーディーな発信に向いており、話題の速報性があります。他人の発信を自分のアカウントで再投稿するリツイート機能により、**拡散されやすい**のも大きな特徴です。発信がたくさんの人にリツイートされると、フォローしていない人のタイムラインにもその発信が表示されるため、**不特定多数の人に情報を届けることができます**。

Facebook と違い、Twitter では双方向の承認は必要ありません。片方向だけのフォローが可能です。相手が「鍵付きアカウント」（フォロワー以外の人にはツイートを非公開にしているアカウント）でなければ、自分がフォローしさえすれば、相手からのフォローがなくとも発信（ツイート）が自分のページに流れてくるようになります。また、見るだけなら、フォローすら必要ありません。そのため、リアルの交友関係の広さに関係なく、大勢にフォローしてもらえる可能性があります。

Facebookは面識のない相手には友達リクエストをしづらく、場合によっては相手に失礼にあたりますが、Twitterではそんな気兼ねはいりません。気になる人は有名人でもお偉いさんでも、面識はなくとも気軽にフォローできます。フォローしたりされたりが比較的自由なので、**「プルのコミュニケーション」が起こりやすい**ＳＮＳといえます。

フォローしやすいことから、自分はほとんど発信せず、人の発信を見るだけの人もたくさんいます。たとえば特定の趣味の人だけをフォローしたり、**ハッシュタグ**という目印（**#**）をつけて特定の話題を追ったりして、情報収集につかう人もいます。

Instagram

国内の月間アクティブユーザー数は3300万人（2019年3月時点）。近年、急速に人気が出てきているSNSです。コミュニケーションの主体が文字であるFacebookやTwitterと異なり、**写真や動画が主体**であることが最大の特徴です。写真や動画とともに文字情報の発信もできます。

こちらもTwitter同様、片方向のフォローが可能です。ただし、Twitterに比べると拡散力は劣ります。Instagramもユーザー名やハッシュタグを活用して情報収集目的でつかう人が多いようです。

Twitterと大きく異なるのは、主従関係がひじょうに明確であることです。Twitterは投稿する人とそれにリアクションする人はフラットな関係ですが、Instagramは投稿者が「主」、リアクションする人は「従」です。Instagramの画面を見ても写真がメインであり、コメント欄はサブであることがわかります。リアクションする人が投稿者より主役に躍り出ることはありません。

プライベートでつかうメディアの印象が強いかもしれませんが、業界によってはビジネスパーソンがInstagramを積極活用するのはアリです。ビジュアルメインであることを考えると、飲食や美容、ファッションと相性がいいのではないでしょうか。業界関係者や顧客がInstagramで頻繁にコミュニケーションをとっているようなら、Instagramでの発信も検討してみる価値はあります。

発信ツールは組み合わせてつかう

ツールの違いは理解できましたか？　ぼくはこれらのツールとブログを組み合わせて発信することをおすすめしています。

ビジネスパーソンが日々情報をインプットし、それに関する意見をアウトプットするなら、コンテンツを蓄積し、検索できたほうが仕事への影響を最大限に高めることができます。**蓄積し、検索しやすいのは圧倒的に「ブログ」です。**ブログはコンテンツをつくり、それを蓄積するのに適したツールです。

ただし、ブログは拡散力が弱いのが弱点です。相手に読みにきてもらう必要があります。友人・知人に「ブログはじめたよ」と知らせでもしない限り、読者数の少ない期間がしばらく続くでしょう。検索によって興味のある人が見つけて、定期的に読みにきてもらえるようになるにはある程度の時間が必要です。

Facebook や Twitter でも発信はできますが、制限があります。Facebook は基本的に友達限定のクローズドなコミュニケーションの場です。それに、そもそも検索を前提としていません。Twitter はハッシュタグがついている発信は検索できますが、なければやはり検索しづらい。文字数に制限があるため、発信にある程度の文章量が必要なときには向きません。Facebook や Twitter は、どちらかというとコンテンツづくりよりも拡散の機能にすぐれています。

できるだけ広範囲に情報を届けたいなら、Facebook よりは Twitter を選びましょう。Facebook での発信は、公開投稿にしない限りは友達しか見ることができません。Twitter はリツイートされればフォローしていない人、つまり不特定多数の人の目にふれる可能性があります。Facebook だけでは友達以外の人に読まれることは少ないため、Twitter も併用すれば拡散の範囲をさらにひろげることができます。

このように、発信ツールには得意なこと、不得意なことがあります。ブログとSNSを組み合わせてつかえば、それぞれのメリットを生かして効率的に発信ができます。

たとえば、日々のアウトプットはブログでおこない、そのリンクをFacebookやTwitterに張って拡散するのはどうでしょうか。**アウトプットの役割と拡散の役割は別々のツールに担わせたほうが、結果的にたくさんの人に情報を届けることができます。**

就業規則の確認は抜かりなく

ビジネスパーソンがSNS発信をはじめるにあたり、必ずしておきたいのが**就業規則の確認**です。自分の所属する組織が個人のSNS発信についてどのようなスタンスをとっているのかを事前に知っておくことは大切です。それがわかれば、どんなプロセスを踏めば堂々と実名で発信できるか、作戦を立てることができます。

SNS発信に対する組織のスタンスには三つのタイプがあります。

①「SNS禁止」と明確に就業規則でうたっている組織
②「なんとなくの空気」でSNS発信禁止と思われている組織
③「いいじゃないか、どんどんやりなさい」とSNS発信を推奨している組織

①か②のタイプなら、直属の上司に相談してみることをおすすめします。禁止とあってもあきらめる必要はありません。むしろ禁止といっている組織ほど、一度、上司に確認してみたほうがいいと思います。

ぼくらは憲法で「言論の自由」を保障されています。就業時間内のSNSが禁止であっても、就業時間外の利用ならOKのはずです。本来は職場に禁止する権利はないのです。

では、すぐさまSNS発信を勝手にはじめて大丈夫かというとそうではありません。上の人間は、自分のあずかり知らないところで部下が新しいことをはじめるのを良く思いません。今いる組織で仕事を続けていきたいのであれば、最初から上司を「抵抗勢力」にしないことです。こっそりはじめて、あとで見つかって怒られるより、まず話をしてみましょう。

いきなり上司に聞くとやぶ蛇になりそうだと思うなら、先輩に聞いたり、人事に聞いたりして、周りの感触を探ってから上司に話をもっていくのもいいと思います。

①のタイプにせよ、②のタイプにせよ、禁止のレベルはいろいろあるようです。禁止をはっきりとうたっている組織。就業時間内につかうのはダメと明文化している組織。直属の上司が止めているだけで、上層部はどんどんやってほしいと思っている組織。SNS利用に関する書式があり、申請をして認められればOKの組織もあると聞きます。

日本では同調圧力が強いため、誰もダメといっていないのに勝手に状況を忖度して行動をあきらめているパターンも見受けられます。「どうせ禁止に決まっている」とはなからあきらめず、就業規則を読んでみるところからはじめてみてください。

強行突破はせず「手続き」を踏む

就業規則を確認したら、SNS発信の目的、使うツール、発信内容、発信しないこと、発信によってどのような効果を期待しているかなどをセットで準備しておき、上司に相談してみてください。ダメなら何がダメなのかを聞いて理解し、それを解決する方法はないか、上司と話し合ってみましょう。

本書の巻末付録として、ぼくが作成した「個人でのTwitter等の利用申請について」というSNS利用申請書のリンクを掲載しています（222ページ）。決裁を得るのに役立ちそうなら、所属先の実情に合うように手直しをした上で、ぜひつかってみてください。

とくに就業規則に「禁止」とは書かれていない。これならSNS発信もできそうだ。そんな期待をもって上司に相談してみたけれど、にべもなく「ダメ」といわれるケースもあるかもしれません。しかし、ここで反発して発信を強行し、問題を起こしてしまったら、発信をしたいと考えていた他の人までできなくなりかねません。

強行突破はせず、しかるべき手続きを踏みながら、少しずつ理解を得ていくようにしてください。いったんは「ダメ」といわれた場合でも、根気よく上司と話しながら、ダメな理由を一つずつ潰して説得していくことはできるかもしれません。

許可してくれた場合でも、上司によっては心配な人もいるでしょう。組織にとって不利益になる発信をしないだろうか、炎上しないだろうか、問題を起こして顧客からクレームが来たりしないだろうかと、年配の上司ならなおさらだと思います。**時々は、「こんなふうにつかっているんですよ」と実際の発信内容を見せて、安心させてあげてください。**発信によってメリットを享受できるようになった場合も報告しておきましょう。

「顧客が事前に発信を見てくれていた方だったので、話をスムーズに運ぶことができ、営業がうまくいきました」

「ブログを見てくれた方から新規の依頼がありました」

「SNSがきっかけで、業界のイベントで話をすることになったんです」

そんなメリットがあるとわかれば、心配していた上司もSNS発信へのイメージを変えてくれるかもしれません。あなたの発信をきっかけに「自分もやってみようかな……」と思ってもらえたら、組織の雰囲気や働き方もがらりと変わるかもしれません。

SNSがきっかけで発生した出来事を日常的に共有しておけば、組織もあなたを発信力のある人材としてみてくれるようになります。発信力のある人材は組織にとって重宝しますから、SNS発信にからむ仕事を振られたり、新プロジェクトのメンバーに誘われたりと、仕事の幅をひろげることにつながるかもしれません。

Prologueで、ビジネスパーソンにとってもっとも重要なスキルは「コミュニケーションスキル」であるとお話ししました。SNS発信を仕事に役立てたいのなら、**身近な人から味方にする努力をしましょう。**上司とのコミュニケーションを避けて、仕事で実績を上げていくことは難しいと思います。

上司との交渉には難しさもあるでしょう。しかし、心から組織をよくしていきたい、現状を変えたいと思うなら、自分が「ファーストペンギン」(群れのなかで、危険が潜む海に最初に飛び込むペンギンのこと。転じて、リスクを恐れず最初に新しいことに挑戦する人のこと)になってチャレンジしてみてください。

慣れるまで仕事の話は書かない

発信できることになっても、油断せず、伝える内容に注意を払うことが大切です。ネットリテラシー云々《うんぬん》といった難しい話ではなくて、社会人として守るべきルールとマナーのお話です。たとえば、就業規則に違反しない、社外秘や仕事で知り得た情報を口外しない、同業他社の悪口をいわない、公序良俗や法律に反することはしない……。「生身」で接していないと、どうしても緩みがちになってしまう部分ですが、あくまでSNS発信はリアルの延長。**ふだんの「スーツ姿」のあなたと同じふるまいをすればいい、**というかんたんなことです。

タイプ②やタイプ③の組織であれば、新入社員研修やコンプライアンス研修、SNS研修などで発信についての講習がおこなわれているところも多いでしょう。そこで教わったことを参考にして発信していきましょう。

それから、これは、重要なアドバイスです。

SNS発信の目的は仕事に役立てることなのですが、**はじめのうちは、直接的に仕事の話を書かない**ことをおすすめします。職務上「秘密」でない話であっても、初心者のうちは書かないのが無難です。

あなたの仕事にかかわる人たちには、上司や同僚に留まらず大勢の関係者がいます。自分の部署では問題がなくとも、他の部署からすれば書いてほしくない話題だったり、取引先が書かれたくないと思っていたりするかもしれません。同期との飲み会に参加して、そこで写真を撮った場合、それをネット上に上げてほしくないと思う人もいるでしょう。それと似たようなことです。**誰かが嫌がる可能性があるのではないか、**

と想像してみることが大切です。

とくに、**顧客に関することを勝手に書くのは絶対にNG**です。批判は論外ですが、顧客のベタ褒め、顧客のライバル企業の批判もやめましょう。やらせの情報発信と思われたり、顧客に迷惑をかけたりしては仕事に役立つどころか、本末転倒です。

よかれと思って自社の宣伝を書く際にも心を配ります。大きな組織であればあるほどさまざまな立場の人がいて、人によって受け止め方はちがいます。そうしたことを的確に把握できるまでは、直接的に仕事の話はしないのが安全です。

発信に慣れてきても、仕事の話にふれることには慎重でありたいものです。たとえ話を用いたり、抽象化したり、表現などで工夫できることはしたほうがいいでしょう。

いきなり実名発信がこわいなら

ツールが決まったら、さっそくアカウントをつくりましょう。アカウントは手紙における住所、電話における電話番号のようなものです。

くりかえしになりますが、仕事に役立てたいなら「実名」での登録が基本です。匿名や別人格にすると、リアルのビジネスにメリットが還流しなくなりますし、思わず、ふだんは言わないような大きなことを言ってしまったり、攻撃的になったりしがちです。

時々、Twitterではすごく怖い人だと思っていたのに会ってみたらいい人だった、という話を聞きますが、これを「いい話」にしてしまってはいけません。ネットでは威勢のいい発信をしているのに、リアルでは物腰がやわらかくおとなしい人、といったギャップがあるのは自分を偽っているわけで、とくにビジネスでつながろうとする場合には少しもいいことはないからです。

匿名でも、名誉毀損にあたる発信をすれば個人を特定されますし、それが会社にバレてクビになる人もいます。逮捕や裁判にいたる事例もあります。実名でオフィシャルな態度で発信するのがいちばんです。

ただ、これまでまったくSNS発信をしていなかった人が、いきなり実名で発信するのにこわさを感じるのもわかります。ぼくも最初にブログをはじめたときは匿名でアカウントをつくり、しばらく経ってから実名に切り替えました。はじめから実名発信するのはこわいという人は、最初は匿名にして様子を見て、慣れたら実名に切り替えてみてください。

Facebookは、実名登録が基本のSNSです。これまでまったくSNS発信をしてこなかった人は、まずここからはじめて実名でのコミュニケーションに慣れていくのもいいでしょう。Facebookは「プルのコミュニケーション」が起こりにくいSNSですが、Twitterやブログと組み合わせればコミュニケーションの範囲を拡大することができます。

プロフィールに所属する組織名を出すか出さないかも悩むところです。仕事に役立てたいわけなので、本来なら組織名は出したほうがいいと思います。

ただ、上司との交渉の結果次第では、組織名は明かせないかもしれません。それでも、ざっくりとした職種や業種、業界なら明記できる可能性はあるでしょう。**どこまでがセーフラインか、上司と決めておきましょう。**しばらく発信を続けて問題がないとわかれば、上司も組織名を出すことに同意してくれるかもしれません。

「顔出し」の有無もポイントとなってきます。実名・組織名とともに顔写真を登録したほうがリアルと同一人物であると判断できるのでメリットはあります。ただ、顔写真を出すことに抵抗があるなら、あなたの雰囲気や特徴をうまく伝えるイラストでもいいでしょう。

ここまで、SNS発信をはじめる前にするべきことをお伝えしてきました。

あなたが所属する組織によって、話の通し方は変わってくると思います。何よりも先にまず上司に相談するのか、先にアカウントをつくって軽く発信に慣れてから、そのアカウントを上司に見せつつ説得するのか……。いきなり仕事のことを発信して、本格的に「禁止！」となってしまわないよう、根回しをしながら進めていきましょう。

最初は傾聴、慣れたらリアクション

最初から自分の意見を発信するのは勇気がいるかもしれません。発信ツールごとのコミュニケーションの雰囲気、発信の作法も知っておくと、やりやすくなるでしょう。
そこでおすすめしたいのが**「傾聴」**からはじめることです。ネットにおける傾聴とは、**他の人がどんな発信をしているのか、ひたすら見る、読むこと**を指します。

気になる発信をしている人を見つけ、毎日ウォッチしてみましょう。見るだけ、読むだけですから、発信に失敗したり、炎上したりする心配はありません。Facebookなら「友達リクエスト」、Twitterなら「フォロー」すれば、その人の発信があなたの見ている画面に流れてくるようになります。

Facebookはリアルの人間関係を反映しやすいSNSなので、ネット上での会話の雰囲気、リアルの知り合いがどんな発信をしているかをウォッチしてみましょう。もっとも気軽に傾聴できるのはTwitterです。Twitterなら相手があなたをフォローすることは必須ではありません。気になる人はどんどんフォローして、どんな発信をしているか傾聴してみてください。

完全にプライベートで発信をするなら、好きな芸能人やアーティストばかりフォローしてもいいでしょう。ただ、仕事に役立てたいなら、**「師匠」的な人をフォローして、その人の発信を集中して読んでみると勉強になります。**

業界の著名な専門家、第一人者、経営者、オピニオンリーダー、業界紙の専門記者、ジャーナリストなど、今はさまざまな立場の人がSNS発信をしています。自分の気になる人がいないか、探してみてください。リアルでは気軽に会えない人でも、ネットの世界ならかんたんにつながり、彼らの意見や考えに日常的に接することができます。あなたの仕事に役立ちそうなニュースや本を毎日のように紹介しているかもしれません。彼らを自分の「師匠」にして勉強するのです。相手に気兼ねなく勝手に「弟子入り」できるなんて、あらためて考えてみるとすごいことです。どんどん傾聴しましょう。

師匠的な人ばかりでなく、**同じ業界で、自分に近い立場の人**がいないかも探してみましょう。実名で組織名を公表している人もいます。組織名がなくとも、プロフィールや発信内容で、飲食系か小売系かＩＴ系かなど業界を特定できることも多いでしょう。自分の仕事に近い人を見つけて、ふだんの発信をのぞいてみましょう。

まずはフォローをしたり解除したりしやすいTwitterで、この人の発信を読んで勉強したいと思える人が見つかるまで、たくさんの人のアカウントをフォローしてみて、最終的に気になる人だけを残していけばいいと思います。Facebookでは、フォローー（友達にはならず、相手の公開投稿だけを見ること）可の設定をしている人もいますから、これを利用するのもいいでしょう。

人の発信を見ていると、やがて自分も話したいと思う瞬間が訪れます。傾聴に慣れたら、今度は**「リアクション」**にチャレンジしてみてください。人の気になる発信に対してコメントをつけたり、相手のツイートを引用して自分の感想もつけてリツイートしてみたりするといいでしょう。「いいね」を押すだけ、リツイートするだけでも、それは立派なリアクションになります。

リアルの世界には、おしゃべり好きな人とそうでない人がいると思います。SNSの世界にも向き不向きがあり、おしゃべりをしたい人もいれば、聞き役に徹して時折あいづちを打つ程度で満足する人もいます。ひたすら傾聴して、情報収集目的でSNSをつかいたい人もいるでしょう。傾聴とリアクションをくりかえしながら、リアルの自分に近い、自然体でSNS発信をすることが継続のコツです。

失敗しない「自分のためのメモ」

傾聴とリアクションを続けていると、自分も「おしゃべり」したくなってくるのではないでしょうか？　ここからようやく発信のフェーズに入ります。

ただし、意気込みはほどほどに。Chapter.1でお話ししたとおり、「発信」を重く受け止めすぎて「いい文章を書こう」「誰も知らないネタをアップしよう」とハードルを上げてしまうと、仕事に役立つ前に息切れし、発信が途絶えてしまいます。

発信のハードルを上げないためのマインドセットがあります。

それは、**発信を「自分のためのメモ」だと考える**ことです。そうすると失敗を避けられます。

メモをとりたいときは自分のために書き残したいことがあるからであって、「何を書けばいいんだろう」「こんな文章は誰の役にも立たない」「自分には人に教える情報なんて何もない」とは思わないでしょう。メモですから、フォロワー数を増やさなければ、ＰＶ数は10万以上でなければなどとプレッシャーに思う必要もありません。

自分のために書き留めておきたい情報が蓄積される。自分の必要に応じてそれを検索し、引き出すことができる。「自分のためのメモ」なら、それで十分です。

本書でめざしている「ビジネスに役立つ」は、月額制のニュースメディアやクリエーターの有料コンテンツとは目的がちがいます。

「メモなら何もブログに書かなくても」「パソコンに保存すればいいだけでは?」と思う人もいるかもしれません。しかし、この「自分のためのメモ」をあえて発信するのが、仕事に役立てるための大きなポイントになるのです。

仕事上、メモをとらない人はいないでしょう。セミナーに参加したら、メモをとり、会場で映されたスライドを撮影する。本を読んだら、大事なところを抜き書きし、感想を書いておく。仕事に関連するニュースに遭遇したら、メモをしたりURLを保存しておいたり。何かしらメモをする人がほとんどだと思います。

そのメモをとったあと、あなたはどうしていますか? 手帳に書きっぱなしだったり、パソコンやスマホにしまいこんだりしたままなのではないでしょうか? 二度と見返さない人もいるのではないかと思います。かつてのぼくがそうでした。

そのメモを、思いきってネットに上げてしまいましょう。

すると、いいことが起こるのです。

まず、自分の役に立ちます。パソコンの検索機能は意外と貧弱なので、パソコン内でメモを検索しても見つからないことがありますが、ブログにアップしておくと「あの本にどんなことが書いてあったっけ？」というときにGoogleなどの検索エンジンでかんたんに探すことができます。一覧しやすいのもメリットです。

「自分のためのメモ」は、じつは人の役にも立ちます。イベントのメモをネット上に置いておくと、そのイベントに参加できなかった人がイベント名で検索してあなたのブログにたどり着き、メモを読んでくれるかもしれません。読んだ本のメモも同様です。同じ本を読んだ人があなたのメモを見つけてくれるかもしれないのです。

メモを読んでくれた結果、コミュニケーションがはじまる可能性もあります。ひょっとしたら感謝のコメントや感想が寄せられるかもしれません。コメントがつかなかったとしても、あなたがイベントに参加して得た情報、その情報をもとにしたあなたの意見を誰かが読んでくれて、役立てている可能性があります。これこそ、「プルのコミュニケーション」です。自分のメモが誰かの役に立つ可能性があるなんて、すばらしいと思いませんか？

続けやすいテーマは「イベント」「ニュース」「本」

では、自分のためのメモには何を書けばいいのでしょうか？

ＳＮＳ発信を仕事に役立てていきたいのなら、ぼくのおすすめは三つ。**「イベントのメモ」「ニュースのメモ」「本のメモ」**です。98ページからぼくが実際に書いたものを載せましたので、参考にしながら次の説明を読んでください。

まず、「イベントのメモ」（98ページ参照）について。これはもっともラクにはじめられるメモです。イベントレポート、セミナーレポートと言い換えてもいいかもしれません。

社会人になると、何かしらのイベントやセミナー、講演会などに参加する機会も増えるでしょう。参加したら、そのときのメモを、自分の感想や意見とともにブログに書いておくのです。ブログなら、スライドとテキストを交互に載せやすいため、よりわかりやすくまとめられます。

ここで注意すべきなのは、**参加者以外に内容を口外してはいけないイベント**です。とくに有料のものに多いようです。**内容をSNS発信していいかどうか、事前に主催者に確認しておきましょう。**

最近では、イベントのハッシュタグがあらかじめ設定されており、主催者が参加者にSNSへの投稿を推奨するパターンも増えてきました。発信に慣れないうちは、そうした「公開OK」を明確にうたっているイベントのメモからはじめてみましょう。

イベントのポイントをきちんと押さえてアップすると、参加できなかった人だけでなく、イベントの内容を広めたいと考える主催者や登壇者からも感謝されることがあります。この機会に先方とつながることができるかもしれません。

ちなみにぼくのブログで過去2番目に多く読まれた記事は、2018年にアップした富士フイルムホールディングスの代表取締役会長、古森重隆さんの講演メモ(https://note.com/tokuriki/n/n9fd1258138c9)です。本書の98ページから載せたものです。内容がすばらしかったのでブログにアップしたところ、思いがけず多くの方に読んでもらう結果となり、自分でも驚きました。内容をシンプルにまとめただけで、ぼくの創意工夫や独自の意見はどこにもありません。まさに「自分のためのメモ」です。ビジネスパーソンが「役に立った」と感じる情報は、意外とこんなシンプルなメモなのかもしれません。

次におすすめしたいのが「ニュースのメモ」（110ページ参照）です。ぼく自身、いちばん長く続けられているメモがこれです。ぼくのブログを見てもらうとわかりますが、たいていの発信がニュース記事へのリンクからはじまっています。毎日ニュース記事に目を通し、それについて考えたことをメモしてアップしているだけです。

ビジネスパーソンであれば、新聞やテレビのニュース、ネットのニュース記事は毎日チェックしている人が多いと思います。朝、新聞を読んで思ったことを日記に書く人はいるでしょう。職場で同僚とランチをとりながら、「今日のあのニュース見た？」と話題にしたり、取引先の人とその日のニュースで雑談をしたりすることもあります。そのくらいの気軽さでニュースのメモをつくってみてください。

ニュースのメモなら、ネタに困ることはありません。日々、膨大な数のニュース記事がネット上にアップされますから、そのなかから一つ、気になるものを選んで自分の考えたことをそえて発信すればいいのです。可能であれば、仕事に少しでも関連するニュース、業界のニュースを選び、自分の意見を加えるかたちで書いてみると、より仕事に役立つはずです。

読み手の業界を問わないのも、ニュースのメモのよい点です。Chapter.1でふれた思考訓練（54ページ）にもなります。コメントによって他人の視点を得られれば、単純なインプットをしたときより、深くニュースを理解することができます。あなたがそのニュースで報じられた内容を手放しで褒めたとしても、別の人にとっては見方がちがうかもしれない。新たな視点や情報を得たり、あなたの知らないニュースの背景を教えてもらったり、情報を補足してもらったりできるかもしれません。

最後に「本のメモ」（112ページ参照）についてです。あなたが日常的に本を読む人なら、挑戦しやすいでしょう。海賊版の漫画ビューアサイト「漫画村」のように、本の内容をまるまる一冊ネット上にコピー&ペーストして載せるのはいけません。しかし、法的なルールをきちんと守れば、自分の仕事に役立ちそうな部分、実践してみたいメソッド、印象に残ったフレーズ、キーワードなどをメモしたり、本について自分の意見を述べるために引用したりするのは問題ありません。

引用するときは、かぎかっこをつけるなどして、自分の意見と引用部分を明確に区別します。ＳＮＳ発信は、あくまで自分の意見が「主」で、引用部分は「従」であることも意識しましょう。引用元を明記することも忘れないでください。ＳＮＳ発信をはじめる前に一度、文化庁のサイト内にある「著作物が自由に使える場合」(https://www.bunka.go.jp/seisaku/chosakuken/seidokaisetsu/gaiyo/chosakubutsu_jiyu.html)や著作権を解説したウェブサイトに目を通しておくことをおすすめします。

こうして手を動かしてネット上に記録することで、読むだけよりも記憶に残りますし、「あの本に参考になることが書いてあったと思うんだけど……」と探すときに見つかりやすくなります。本の内容を自分の話に置き換えたり、本に書かれていることについて自分の意見を考えることで思考訓練にもなります。

ネットでアウトプットすることを前提にしておけば、本を漫然と読むことはなくなります。ぼくは最近では本のメモをアップすることはほとんどありませんが、以前、本を読むときは気になったところに小さな付箋を貼り、読み終えた後にその部分をまとめてパソコンに打ちこみながら、本のポイントと感想をメモしていました。

このとき、本について書くからといって、「書評」などと気負わないことが大事です。著者や本を評価しようと思うと、発信のハードルを一気に上げてしまうことになります。くりかえしになりますが、「自分のためのメモ」と割り切りましょう。

話題になっている本なら、興味をもっている人が大勢読みにきてくれる可能性があります。コメントがついたり、情報のやりとりが発生したり、コミュニケーションが起こることもあるでしょう。マイナーな本でも、読者数は少なくても熱狂的なファンが見つけて読んでくれるかもしれません。

「イベントのメモ」「ニュースのメモ」「本のメモ」。いずれもパソコンにためこまず、SNS発信を自分の脳の外付けハードディスクと考えてみましょう。アウトプットしておけば、必要なときに情報を引き出せます。自分に役立つだけでなく、人の役にも立ちます。アウトプットが積み重なると、仕事に役立つ可能性が高まっていきます。

98のページから、三つの「メモ」について、ぼくが過去に発信した実例を掲載していますので、よかったら参考にしてください。先に進みたい方は、121ページから発信のポイントの説明に入りますので、実例はまた必要になった際にご覧ください。

徳力のメモ実例①

イベントのメモ

売上の６割を占める主力事業を５年で失った富士フイルムが、破綻しなかった秘訣

♡ 834

徳力基彦（tokuriki）
2018/11/23 12:00

昨年のワールドマーケティングサミットでの富士フイルムの古森会長による危機に対応するためのイノベーションの講演メモを発掘したので、こちらにも投稿しておきます。

３年前のワールドマーケティングサミットでも、日本企業がなぜイノベーションができないのかという議論で、ウォルコット氏が「何言ってるんだ日本には同じ業態のコダックが破綻した一方で、イノベーションに成功した富士フィルムのような成功事例があるじゃないか」と話題に出ていたのをよく覚えていますが。

今回はその当事者であった古森さんが生々しく裏話を語っていただき大変刺激になりました。

最近は残念な日本の大企業の不祥事が話題になることが多いですが、昭和の高度経済成長期の成功体験を背景にした大企業病と、本当の意味での日本企業の強みとか日本企業らしさというのは、ちゃんと分けて議論しないとダメだなと改めて感じさせられる逸話です。

――――――――――――

■ Innovation Out of Crisis
富士フイルムの経営改革

富士フイルムホールディングス　代表取締役会長 CEO　古森 重隆氏

■富士フイルムは、2000 年当時、売上の 6 割、利益の 7 割を締めていた写真フィルムのビジネスを、4 ～ 5 年であっという間に失ってしまった。

その時の経験を元に企業経営についてお話ししたい。

■企業経営とは
コトラー教授がお話しされていたこととまさに同じ

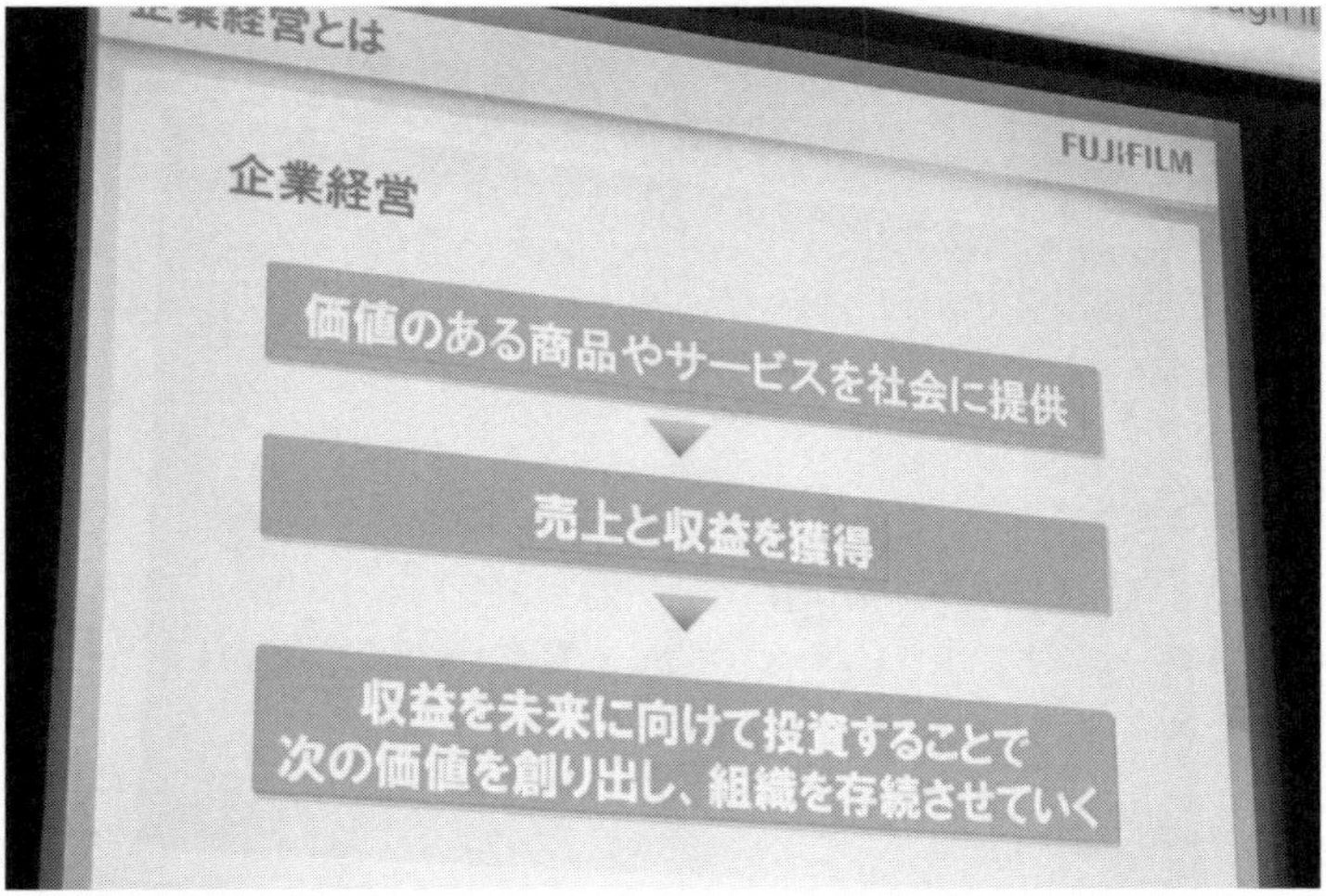

・価値のある商品やサービスを社会に提供する
　↓
・売上と収益を獲得
　↓
・収益を未来に向けて投資することで、次の価値を創り出し、組織を存続していく

企業の存立の目的は、世の中に価値を提供するということ。

もう一つ重要なのは、企業というのは合理的、生産的な組織であるからこそ、その価値を失わないために継続することが大事。今だけ良ければ良いというのはダメ。

短期の利益だけを重視した経営ではダメで、長期を見た投資をしなければならない。

■富士フイルム HD について

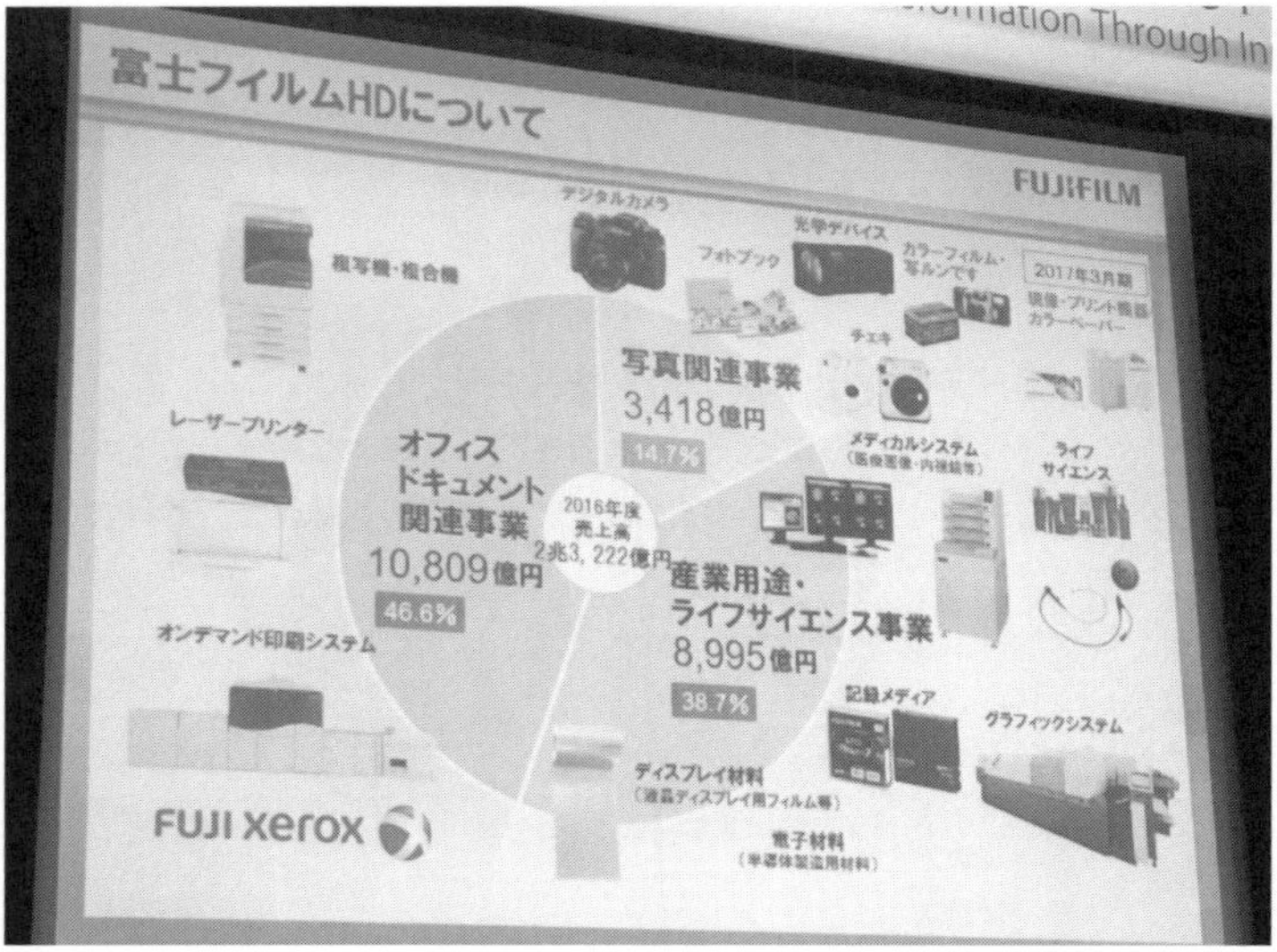

・従業員が 8 万人、子会社が 277 社
・売上高 2 兆 3222 億円

■カラーフィルムの世界総需要

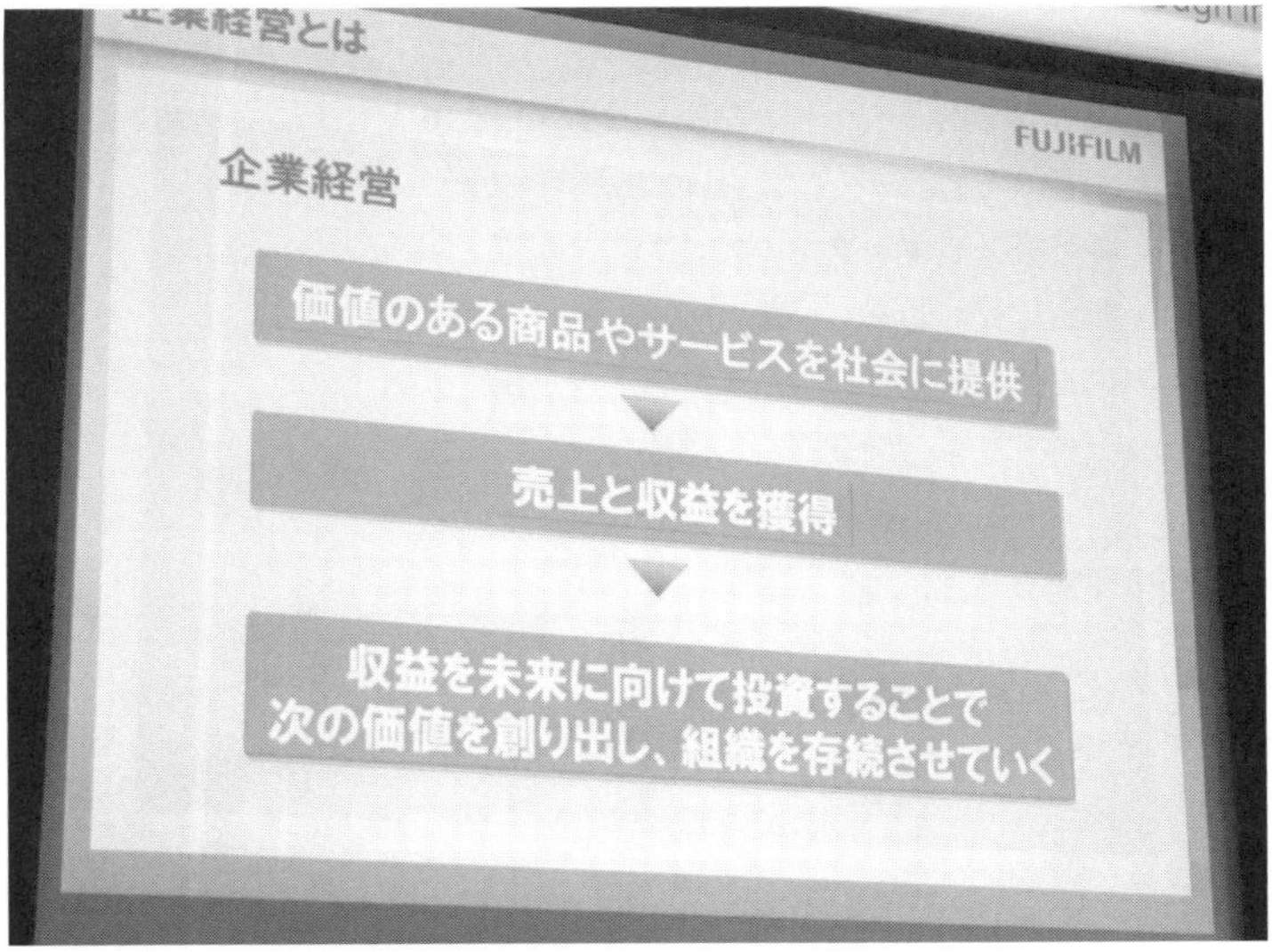

・2000 年に向けて成長し続けピークをうったのち、2002 年から急減。10 年しないうちに 20 分の 1 ぐらいになってしまった。
・フィルムの技術は 180 年かけて進化してきた素晴らしい技術だったが、あっという間にデジタル技術に置き換えられてしまった。
・フィルムがデジタルに置き換えられるのは、80 年代の頃から予見はできていた。
・そこで危機意識を持って薬やインクジェットなど新しい事業に次々に取り組んだが、写るんですの大成功などもあり写真のフィルム事業が伸び続けていたので、全てやめてしまった歴史がある。
・その後、最初にフルデジタルのカメラを開発したのは富士フイルムだった。
・Finepix7 というコンシューマー向けのデジカメを発売したのも富士フイルム。
・それにより複数のメーカーがデジタルカメラに参入し、コア事業であるフィルムが急減することが 2002 年頃には予見できた。
・その時に社長として考えたのが 3 つ
　・フィルムに代わる新しい成長戦略を描けるのか
　・世界中にある工場や研究所のリストラと構造改革
　・富士ゼロックスとの連結経営の強化

■技術の棚卸し

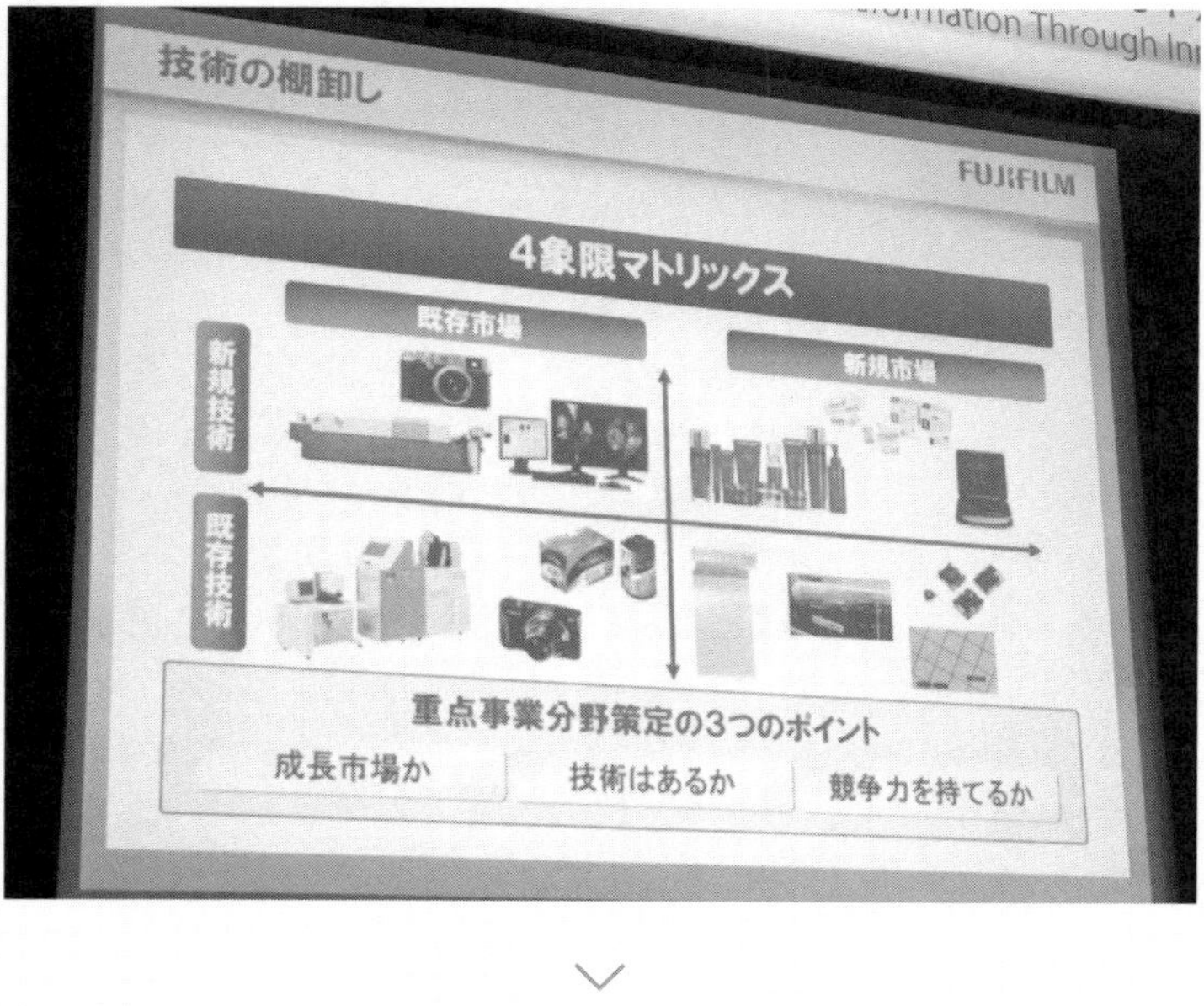

・アンゾフのマトリクスで、既存の市場と新規の市場、既存の技術と新規の技術の組み合わせで各事業を検討

・重点事業分野策定の３つのポイント

　・成長市場か

　・技術はあるか（社員に市場への知識があるか）

　・継続的に競争力を持ち続けることができるか

・これによりヘルスケアやデジタルイメージングなどを注力事業に絞り、既存事業のリストラを実施して、注力事業に多額の投資を実施した。

・リストラは、55 歳の人に割り増しの退職金を出すなどの対応をし、特約店は買い上げるなどの対応をした。

・これらの努力によって、最大の危機は乗り越えることができた。
　この変化ができたのは社員のお陰。

■新たな成長へ

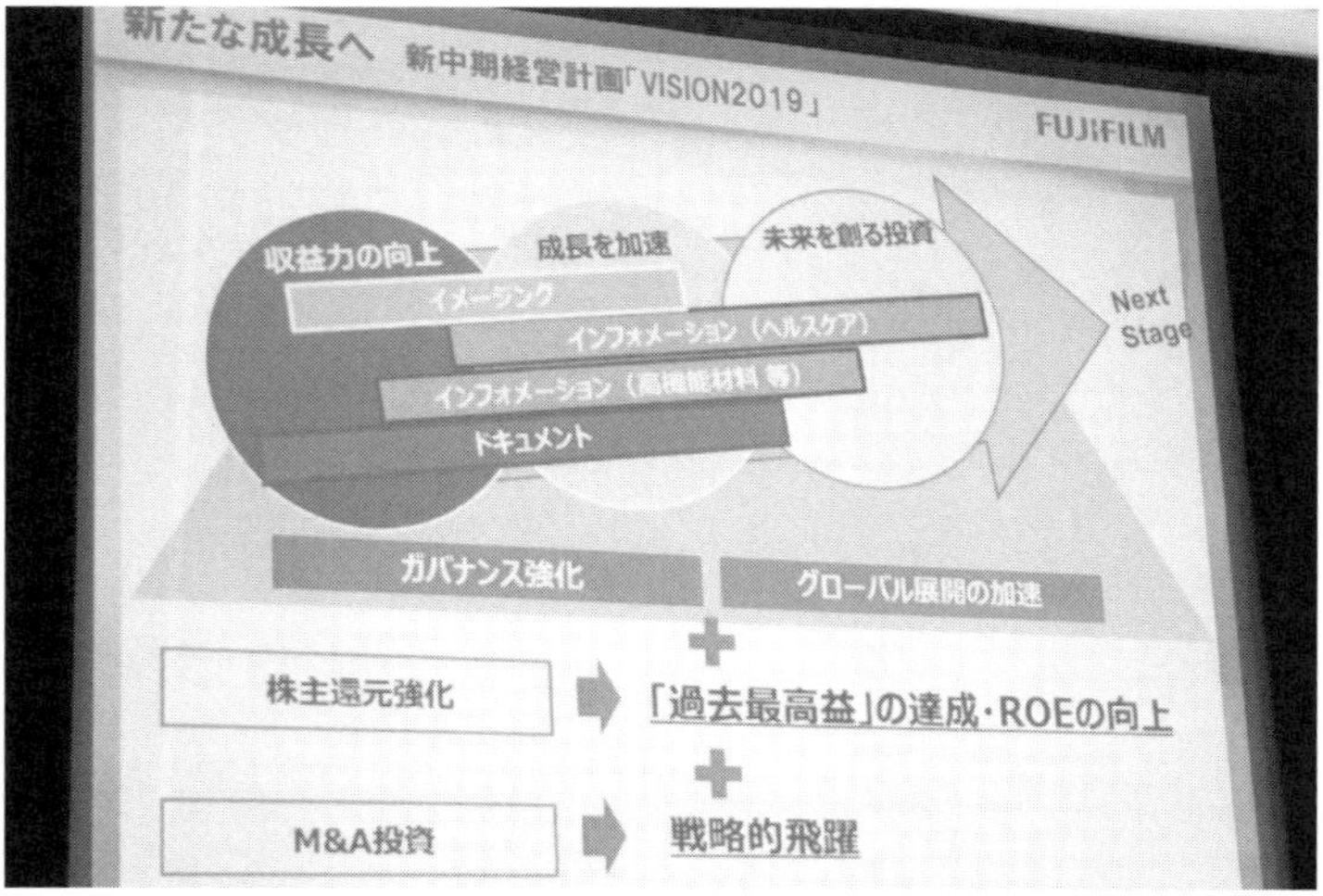

現在は各事業を３つのフェーズに分類
・未来を創る投資
・成長を加速
・収益力の向上

■発展し続ける企業とは

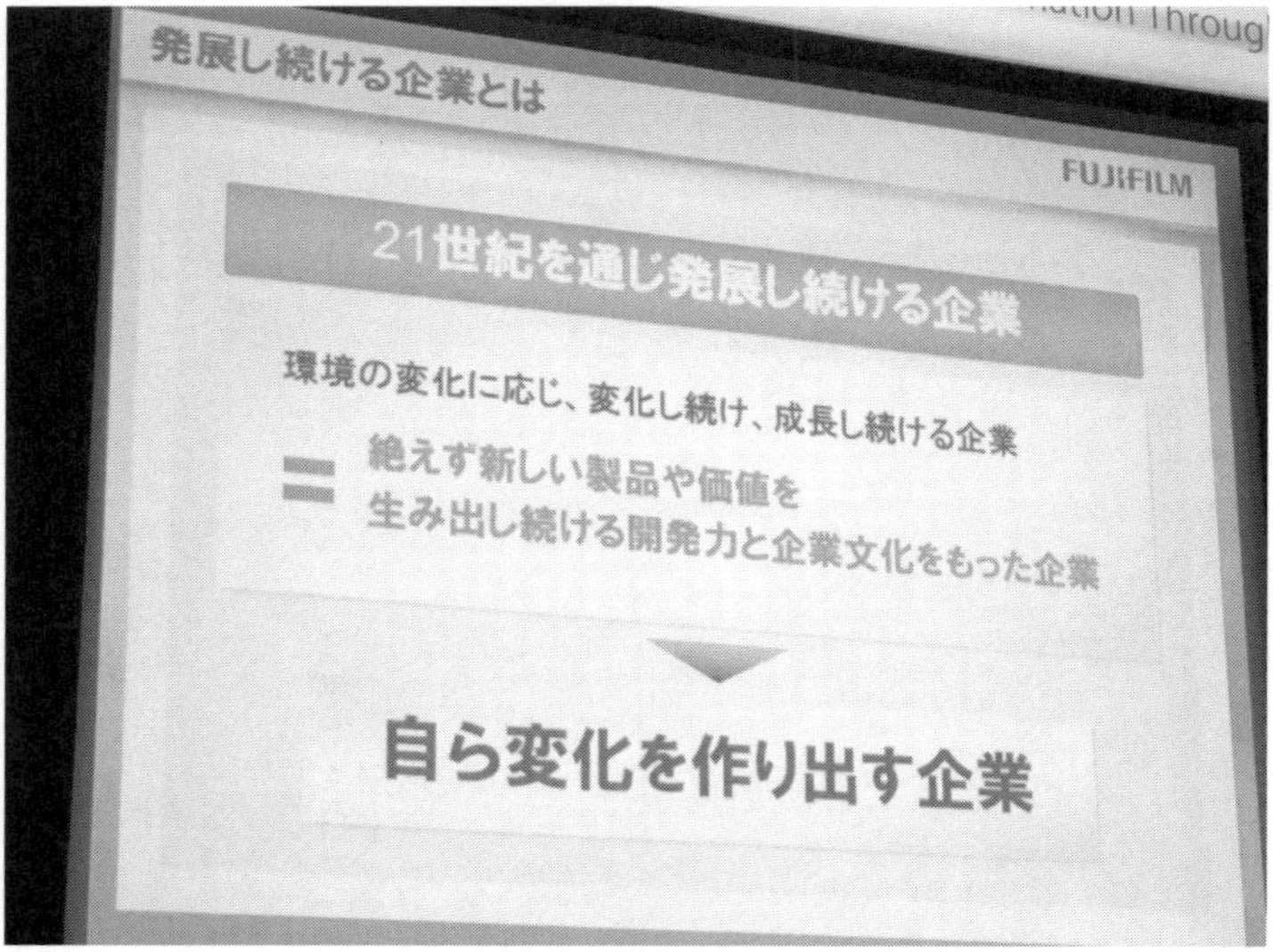

・環境の変化に応じ、変化し続け、成長し続ける企業
　＝絶えず新しい製品や価値を生み出し続ける開発力と企業文化を持った企業
・自ら変化を作り出す企業ではないか。
・コダックは、富士フイルムと同じくフィルム事業をしていて当時売上は

20倍以上だった。

その後コダックに追い着け追い越せで努力をし、1977年に高感度のカラーフィルムを作ることができ、コダックに技術で追い着き、1990年は世界各地でコダックと互角の競争をすることができた。

・その後デジタル化の変化にコダックは対応できず、破産することになった。

富士フイルムは変化に対応して生き残ることができた。

・この違いは何だったのか？

・1980年には、コダックも富士フイルムも同じようにデジタルのメーカーになろうと対応した。

・両者共に自社のカニバリが問題になり、フィルムが伸びていたこともあり、コダックはモラトリアムに陥って変化の手を休めてしまった。

その過程でも富士フイルムは、デジタルカメラへの挑戦を先頭を切って取り組んでいた。この違いは大きかった

・また、コダックは当初中国ではアナログの既存事業が延命できると判断するなど戦略が迷走した。富士フイルムはデジタルへの変化は中国も含めて不可避と判断していた。

・また当時スーパー301条など、コダックは富士フイルムとの競争に注力しすぎていた。コダックが戦うべきは富士フイルムではなくデジタルだったはず。

・またコダックは投資を小出しにしていたが、富士フイルムは思い切った投資を実施することができた。特に大きいのは、現在の株主にいい顔をするため、直近の利益を重視して投資を渋っていたように感じている。

■有事のリーダーに必要な考え方・やるべきこと

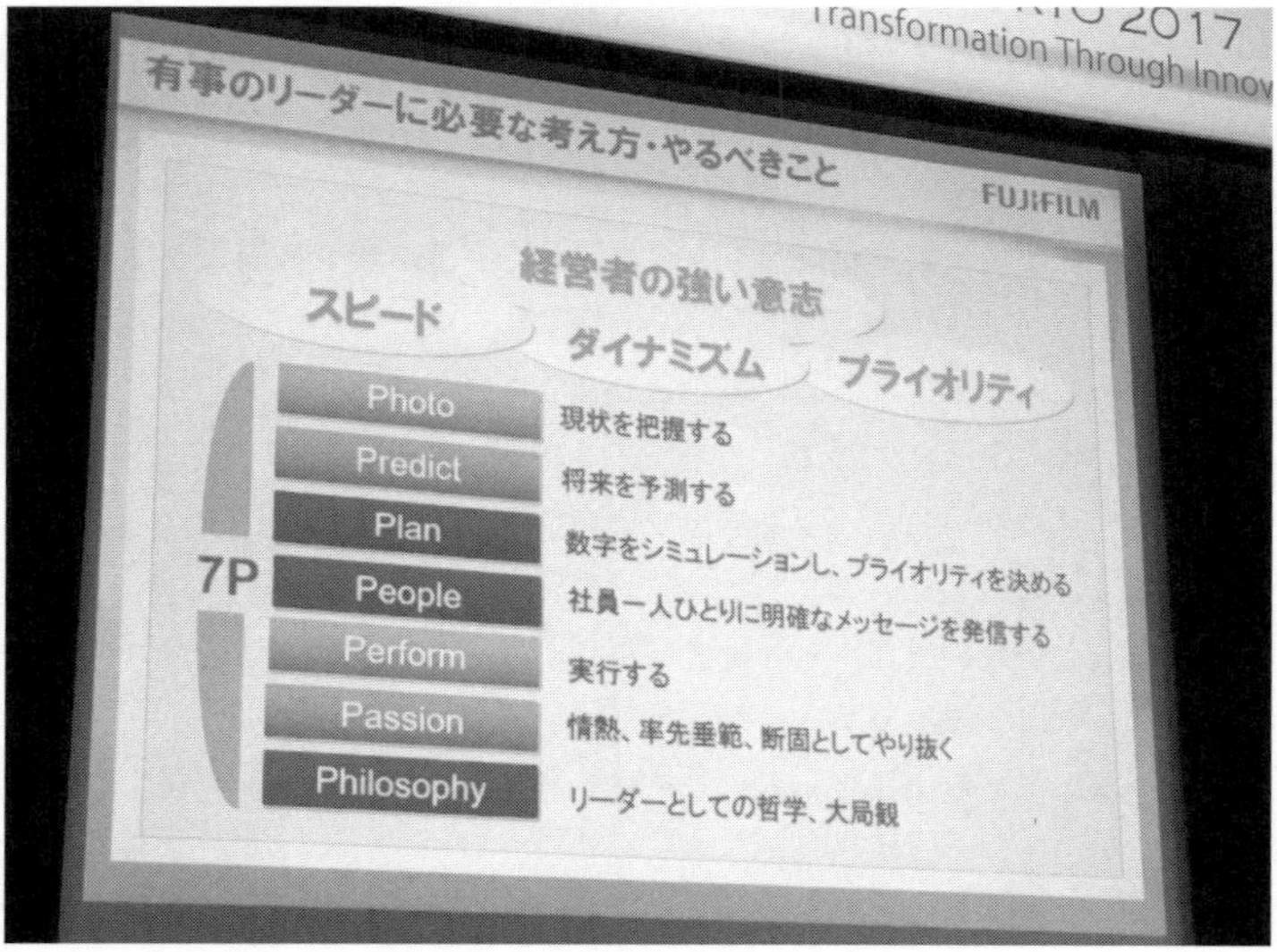

平時のリーダーに必要なことはウォッチャーであること
有事のリーダーに必要なことは
・経営者の強い意志
・スピード
・ダイナミズム
・プライオリティ
・有事のリーダーの 7P
　・Photo　　　現状を把握する
　・Predict　　将来を予測する
　・Plan　　　　数字をシミュレーションし、プライオリティを決める

・People　　　社員一人一人に明確なメッセージを発信する
・Perform　　　実行する
・Passion　　　情熱、率先垂範、断固としてやり抜く
・Philosophy　リーダーとしての哲学、大局観

（2018 年 11 月 23 日公開「note」より、一部改編）

ニュースのメモ

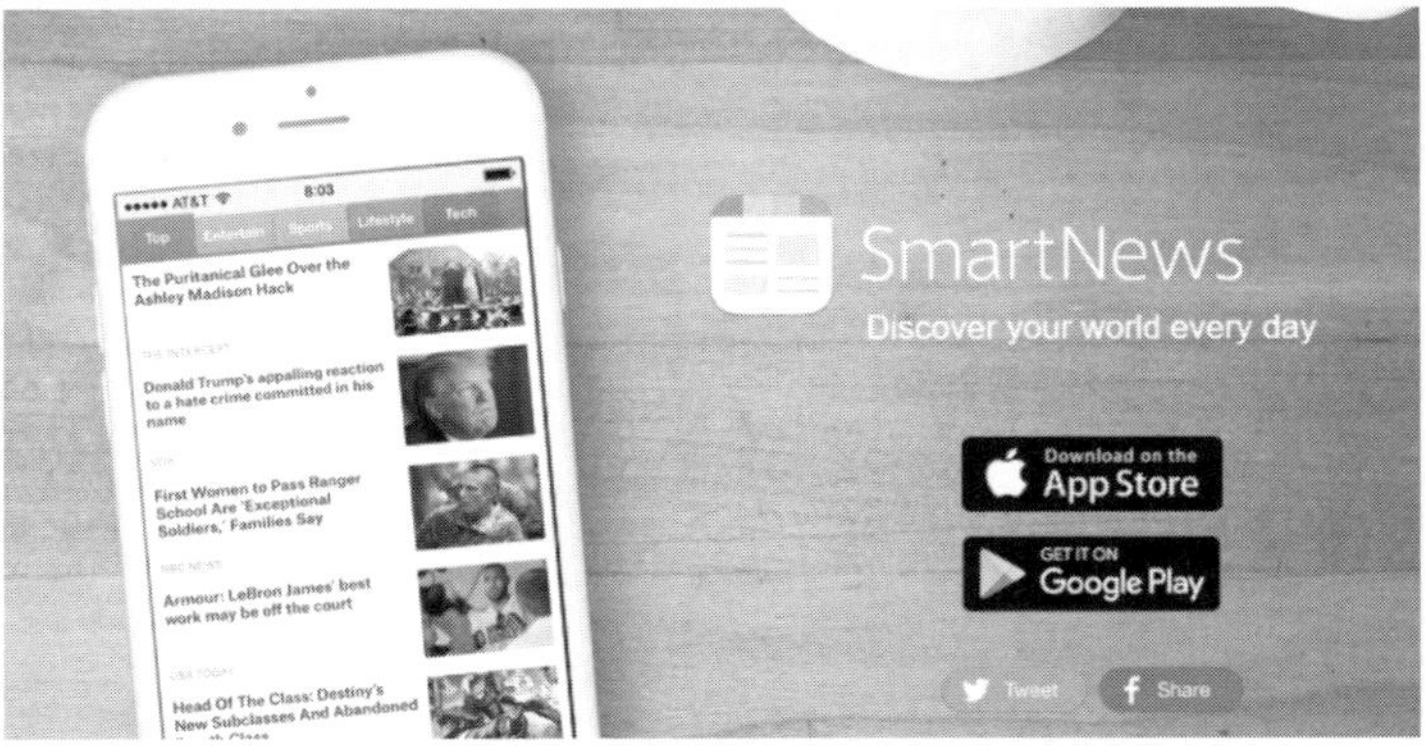

スマートニュースが、米国メディアのビジネスモデルに一石を投じている模様

♡ 48

徳力基彦（tokuriki）
2019/11/05 08:30

これは凄い。なんか日本人が読むと、最初違和感あると思うんですけど、これスマニューについてアメリカで書かれた記事の逆輸入です。

米国においてもスマニューは着実に成長してると聞いてましたが、こうやってメディアの未来の議論のど真ん中に入ってきてるのは何か嬉しいですね。

上記の記事読んで興味深いのは、アメリカだとそもそもプラットフォームがメディアにお金を払うという発想がなかったっぽいところ。
Facebook もツイッターも Google もフリップボード（懐かしい）も、あくまで記事をアグリゲートしたり、タイムラインからリンクするだけだから当然といえば当然なんですが。

日本だと Yahoo がメディアの記事を安く買い集めたから、既存メディアのネットビジネスがうまくいかなくなったみたいな議論がよく新聞社さんでされてた記憶がありますが、もともと払われない前提だとこうやってスマニューのように払う事業者が出てくると歓迎されるというのが興味深いです。
スマートモードに対する批判とか、一昔前の日本を見てるようでなんか感慨深かったり。

ちなみに、日本でもスマニューってメディアにお金払ってるんですかね？
アメリカだけなのかな。。。

そういえば昔 NewsPicks も、ピックした記事に収益還元したいみたいなこと言ってたけど、どうなってるんだろう。

追伸
ちなみに、今週木曜日にスマートニュースの川崎さんと対談するので、ご興味のある方は是非どうぞ。

（2019 年 11 月 5 日公開「note」より、一部改編）

徳力のメモ実例③ # 本のメモ

「ファクトフルネス」は、2019年に日本人がまず真っ先に読むべき1冊だと言えると思います。

♡ 805

徳力基彦（tokuriki）
2019/1/06 22:50

書籍「ファクトフルネス」は、TEDトークで、データに関する伝説のプレゼンテーションを遺したハンスロスリング氏が書いた書籍です。

彼のプレゼンテーションは、TEDトークの数ある人気プレゼンの中でも、私のダントツのお気に入り。

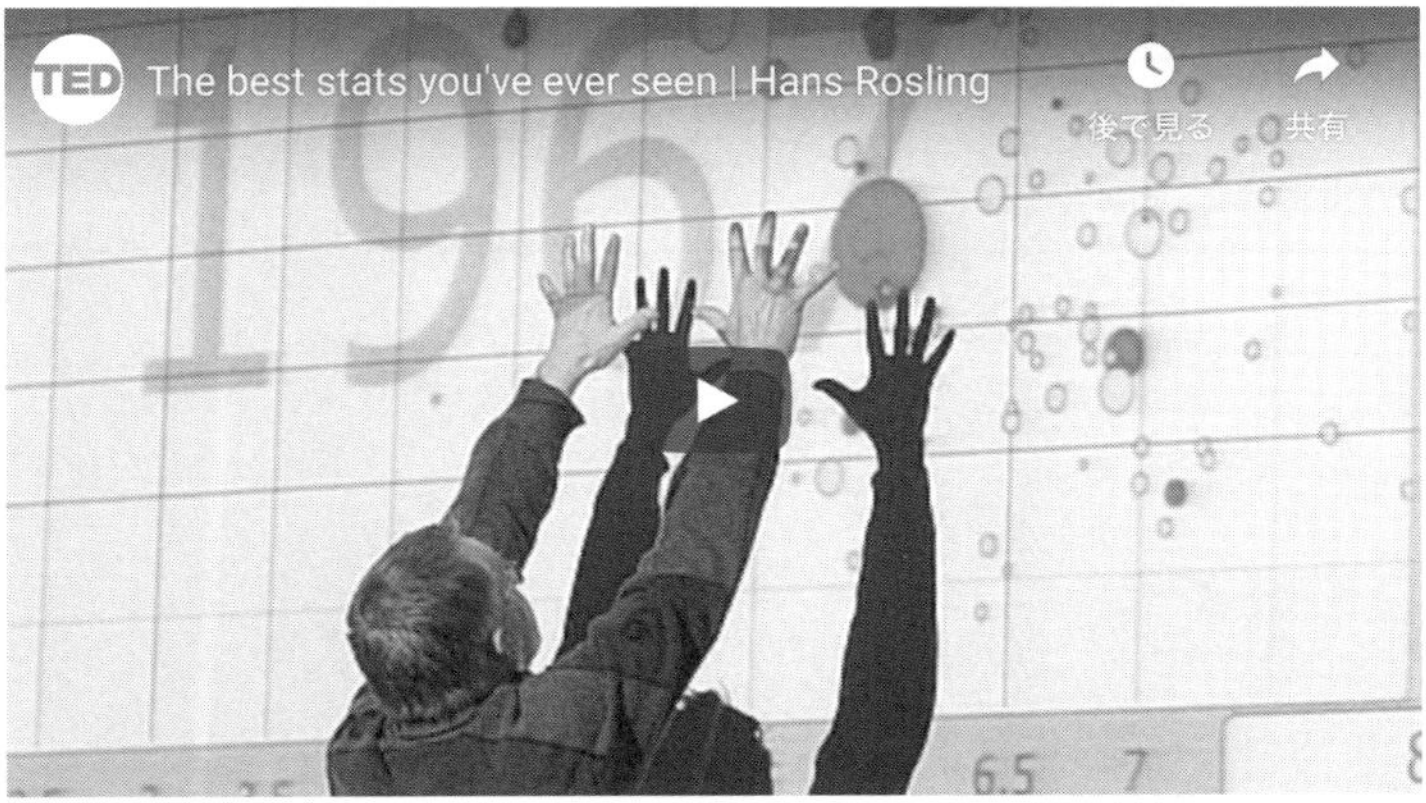

この動画の 4 分ぐらいからの 1 分間なんか芸術ですよね。

私たちが昭和の頃から思い込んでいる発展途上国という概念が、もはや適切ではない言葉であることを思い知らせてくれる楽しいプレゼンですし。
こんなにデータを分かりやすく楽しく見せてくれるプレゼンを見たのはこの時が初めてでした。

たぶんこのプレゼンを初めて見たのは 2007 年だったと思いますが、今でもあの時の感動は手に取るように思い出せます。

そんなロスリング氏の書籍が出たということで、日本語版が出るのを楽しみに待ってたんですが。
光栄なことに中川さんから一足早く献本いただいたので、早速読ませていただきました。

結論から言うと、この本は**「全ての人」**が読むべき本だと言えます。

正直、**「全ての人」**とか書くと、自分ごとに思えなくて大げさな映画の宣伝みたいにしか聞こえないと思うんですが、この本に関しては、本当に心の底から**「全ての人」**と言えます。
本の帯に「賢い人ほど世界の真実を知らない」とありますが、象徴的なのがチンパンジーテスト。

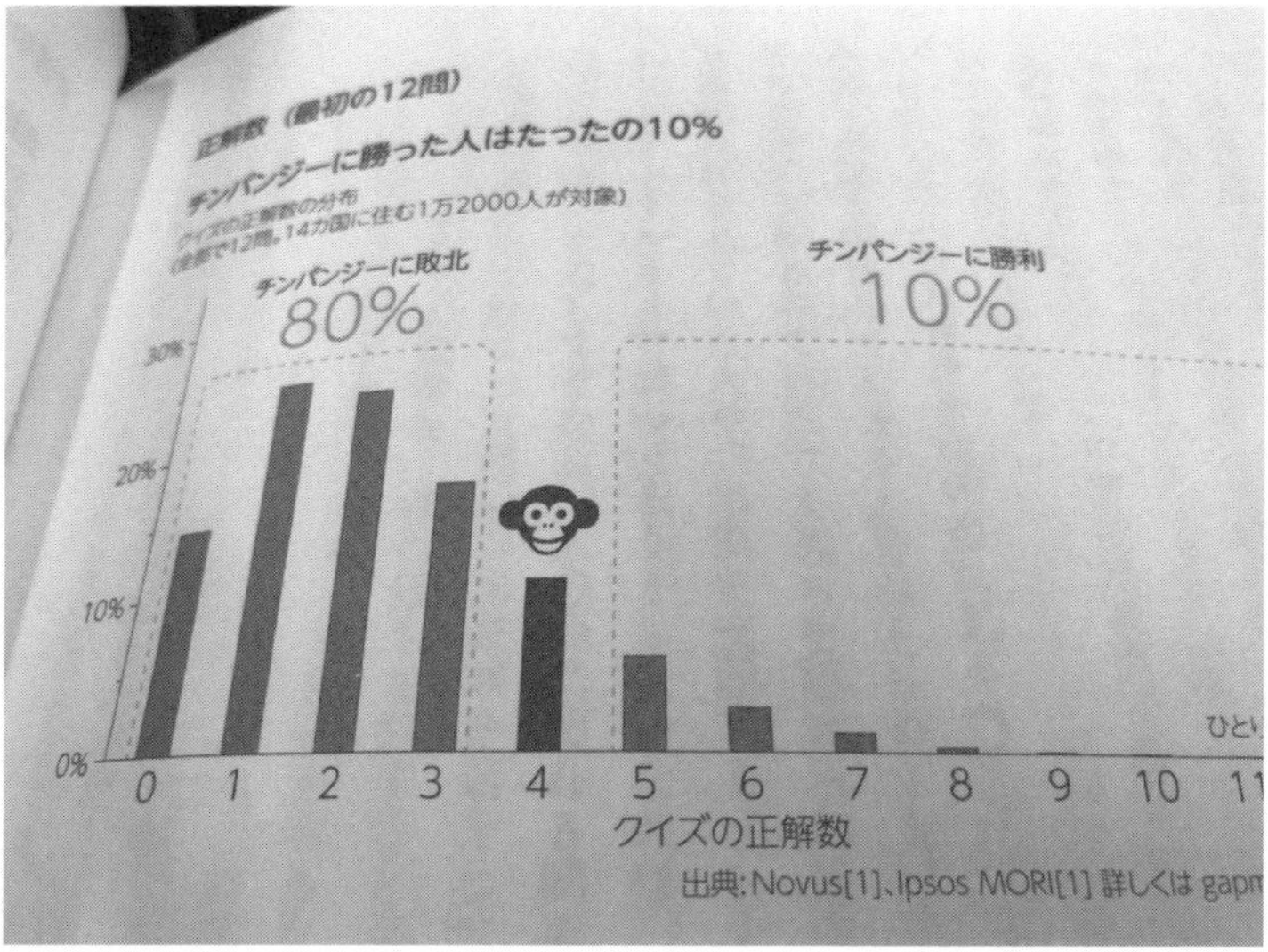

冒頭にある世界の変化の常識に関する三択の 12 の質問を素で回答すると、世界中の人のなんと 90%が、答えが全く分からないチンパンジーに負ける、という事実です。

いかに日々の報道や幼少期の教育によって、私たちが間違った事実を信じ込んでしまっているかという非常に分かりやすいデータです。

詳細は、是非本書を手に取って読んで頂ければと思いますが。
この数年、いろいろとメディアのあり方とかブログの書き方について、悩みに悩んでいた私の場合は。
ようやく見えてきたと思っていた悩みの出口を、この本があっさりと照らしてくれました。

この書籍では、「世界はどんどん悪くなっている」というのは、とんでもない勘違いだとロスリング氏がデータを元に明らかにしてくれます。

特に分かりやすいのは、国を「先進国」「発展途上国」と大雑把に分けるのではなく、所得を４つのレベルに分けて、そのレベルの変化がいかに人間の生活の質を変えていくのかという具体的なデータに基づく説明。
その視点で見ると、世界は明らかに良い方に変化してるんですよね。

災害の死亡者数も減ってるし、極限の貧困は減り、人口の増加にも歯止めがかかるのが見えてる。

私自身、20 年ぐらい前にプチバックパッカーとして東南アジアを中心に旅行をしていたので、それぞれのレベルの変化のイメージが非常にクリアに湧きました。

本書でロスリング氏は、世の中を
「ドラマチックすぎる世界の見方」で見るのではなく
「ファクトフルネス」つまり**「事実に基づく世界の見方」**で見る習慣をつけるべきだと説いています。

人間には瞬時に何かを判断する本能と、ドラマチックな物語を求める本能があり、どうしても「ドラマチックすぎる世界の見方」をしてしまう。
ただ、それは我々一人一人が「事実に基づく世界の見方」をするようになれば変わるはず。
それがロスリング氏がこの書籍にかけた想いだと感じました。

「ファクトフルネス」という英語が、どうしても日本人の私には直感的に理解できないのですが。
「事実に基づいて世界を見なさい」というのが、ロスリング氏が繰り返し述べている話です。

ちなみに、そんな世界の誤解を無くすための試みの一つとして、こんなサイトも開設されています。

私自身の「世界の誤解」の実体験は、狭いネットやソーシャルメディアの話にしかすぎませんが。
年々ネットを起点とした炎上のニュースが増え、昨年はついにHagexさんが刺殺されるという事件までおこってしまい、ついついネットの世界はどんどん悪くなっている、と思い込んでしまっていたのが事実です。

ただ、去年1年色々と考えて気がついたんですが。
ネットの利用者数とか、ソーシャルメディアの利用者数が増えれば、ネットの世界も通常の社会と同様に様々なトラブルが発生するのは当たり前なんですよね。

一般論としてはそう思っていても、ついつい日々の炎上のニュースに触れすぎてしまい、本能的に変化をネガティブに思い込んでしまっていたように反省しています。

冷静に考えてみたら、ソーシャルメディアやブログで情報発信をする個人は15年前からは考えられないぐらい増えてますし、それによってメリットを受けている人は数え切れないぐらいいるはず。

昨年のメディアミートアップで、ピースオブケイクの加藤さんに、最近のnoteでユーザーが体験した良い話の数々を色々教えてもらい、それは確信になりました。

でも、そういう小さい1人1人の変化や幸せは「ニュース」にはならないんですよね。
あくまでネットメディアで記事になるのは、炎上やトラブルのニュースばかり。

これはなにもメディアが悪いのではなく、そもそも人間というのはそういう生き物なのだ、というロスリング氏の説法は、この数年の私の悶々とした悩みを綺麗さっぱり洗い流してくれました。

自分が炎上のニュースをブログで取り上げ続けているのは、炎上を拡散したいわけではなく、同じような過ちをする人が減って炎上のニュースが減って欲しいという思いで書いてきたんですが。

あらためて、これからは炎上のニュースを取り上げる際の取り上げ方や切り口は注意したいと感じましたし。
ファクトフルネスを実践する人が増えることで、炎上をいたずらに煽ってページビュー稼ぎをするメディアを減らすことも可能なのではないかという気がしてきました。

先日英語版のクラウドファンディングを成功させたコレスポンデントのスロージャーナリズムや、電通総研のオープンラウンドテーブルでお話しを聞いた北海道テレビのこの 20 年の取り組みなんかも、その 1 つな気がします。
冷静に考えれば、ネットの世界も悪くなってばかりではなく、確実に良い方に変化するための動きも出てきているんですよね。

あらためて、そんなことを気づかせてくれる、この本を書いてくれたロスリング氏と、日本語版を出してくれた日経 BP 及び関係者の皆さまには感謝しかありません。

ちなみに冒頭に、遺したと書いたのは、残念ながら誤字ではなく。
ロスリング氏は、この書籍の執筆中に亡くなり、この本が最後の遺作となりました。

ただ、超多忙だったロスリング氏が執筆に残りの人生を捧げることができたのも、病気により余命が短いことがわかったから。

ある意味、ロスリング氏が不慮の事故で急に亡くなってしまうのではなく、余命が宣告される病気にかかったことで、この本が生み出されたというのは、我々にとっては幸運だったのではないか、と感じてしまうのは不謹慎でしょうか。

この本を読んだ人が一人でも増えると、確実に世界は少しずつ良くなるのではないか。
そんなことを感じられる、今年絶対読むべき一冊だと思います。

（2019 年 1 月 6 日公開「note」より、一部改編）

ここからは、「自分のためのメモ」を発信するにあたって、いくつか心がけるとよいポイントを紹介します。このポイントを押さえておくと、日々の発信がしやすくなります。参考にしてみてください。

【発信のポイント1】 軸を決め、キャッチコピーをつける

発信をはじめるにあたり、自分に合った発信の軸を見つけておきましょう。メモのネタを探しやすくなりますし、モチベーションを強化することができます。軸をもたずにはじめてしまうと、発信が何となく億劫になっただけで挫折してしまいます。軸があれば、迷ったときに目的に立ち返って、気持ちを新たにまた発信をはじめることができます。

軸の見つけ方としては、自分にとって「仕事に役立つ」とはどういうことなのか、発信によってどのような状態になることをめざすのかを、まず考えてみましょう。

「軸」の例としては、たとえば次のようなものがあります。

- **学んだことや考えたことをまとめる、学びのためのメモ**
- **自分の得意分野や能力をアピールする、新たな仕事をつくるためのメモ**
- **仕事内容やこれまでの履歴をまとめて自分がどんな人間かを知ってもらう、名刺がわりのメモ**

発信の軸を表現するときにおすすめしたいのが、**自分に「キャッチコピー」をつけてみる**ことです。発信するテーマやジャンル、自分の姿勢が明確になり、SNS発信によって自分がどうなりたいか、短い言葉で表現することができます。

ぼくのキャッチコピーは、**「ネットコミュニケーションの水先案内人」**です。このキャッチコピーで、ぼくは発信の方向性がクリアになりました。ネットコミュニケーション系のサービスをレビューしたり、関連のニュース記事に対して意見をそえて発信してみたりという努力を続けることができました。短いキャッチコピーをつくるのが難しいなら、文章で**決意表明**のようなものを書いても同じ効果があります。

キャッチコピーや決意表明の文章ができたら、自分の内に秘めておくのもいいのですが、思いきってブログやSNSで公開するのもアリです。あなたの発信を読みにきてくれた人に発信の目的やテーマ、あなたがどんな人かを伝えることができ、気に入った人が再訪してくれる確率が上がります。

【発信のポイント2】

「アウトプット・ファースト」でいく

発信をはじめたからといって、すぐに誰かが読んで色よい反応をくれたり、仕事に役立ついいことが起こるわけではありません。アウトプットを継続しなければ、話がはじまらないのです。SNS発信は**「アウトプット・ファースト」**で、長期的な視点をもって仕事への好循環をつくっていくイメージでいきましょう。

SNS発信は、こちらから押しかけるのではなく、相手のほうからやってくるコミュニケーションだと説明しました。相手がやってくるまでには、地道な発信の積み重ねが必要です。そうしなければ、「蓄積効果」も得られません。

はじめのうちは読者数やフォロワーは少ないでしょう。すぐに反応やコメントがないからといって、ガッカリしないようにしてください。

「自分のためのメモなんだし」。そう思えば、反応を気にせず、淡々とまとめ、アップし続けられます。しばらくは孤独な作業かもしれませんが、続けることで読んでくれる人が少しずつ増えていきます。発信を長く続ければ続けるほど、あなたの情報を本当に求めている人が検索によって訪れるようになります。

期待値はできるだけ下げましょう。短期的な成果は期待しない。やがてやってくるかもしれない「ハプニング」についてもいったん忘れて、ひたすら「アウトプット・ファースト」でメモをまとめ、アップし続けてください。来る日も来る日も、自分のための素振りを続けるイメージで発信していきましょう。

【発信のポイント3】 自分なりのペースを見つける

SNS発信では、自分なりのペースを見つけることが無理なく長続きさせるポイントです。

ブログの黎明期には、毎日書かなければ意味がないといわれたことがありました。「プルのコミュニケーション」であるブログは発信の頻度が少ないと、読みにきてくれる人が減ってしまうのです。今はFacebookやTwitterがありますから、ブログのリンクをSNSに張って投稿すれば、更新したときにお知らせを送ることができ、興味をもった人に読みにきてもらいやすくなります。

そのため、毎日発信しようと無理する必要はありません。毎日コツコツが苦手な人が高い目標を掲げたせいで、すぐに続かなくなって、やめてしまってはもったいない。無理のない、自分なりのペースをつくっていきましょう。

仕事で突発的なトラブルが起こったり、繁忙期でプライベートの時間が削られ、メモをまとめられない日もあります。気持ちに余裕がなくて取り上げたいニュースを見つけられない。イベントにも参加していないし、本を読む時間もとれない。そんなこともあるでしょう。SNS発信は本業ではありませんから、忙しい時期に無理する必要はありません。毎日でなくてもいいから、長く続けていくことが大事です。

それでも、発信しなければコミュニケーションも「ハプニング」も何も起こらないのもたしかです。**自分なりの発信のペースを決めて、アウトプットそのものは習**

慣化しておいたほうがいいでしょう。

週1回でもいいし、月2回でもいい。週末にまとめて書いて記事をストックしておいて数日おきにネットに上げていってもいいのです。自分のペースをつくったほうが結果的に長続きします。**アウトプットのペースを決めておくと、それに合わせてインプットもするようになります。**

時間を決めておくことも大切です。 いったんはじめると際限なく没頭してしまうことはよくあります。メモをまとめる作業はこの時間帯をつかって他の時間帯にはしない、1時間以内にすませる、など自分のルールをつくりましょう。

【発信のポイント4】

ロールモデルを見つけ、自分らしさを確立する

影響力のあるインフルエンサーのノウハウをそのまま真似する必要はまったくあり

ません。自分を偽ったり背伸びしすぎたコミュニケーションばかりしていると、無理が生じて継続できなくなってしまいます。

あなたらしい自然なコミュニケーションのかたちを見つけていきましょう。寡黙な人なら、ネットでも寡黙な人なりの発信のスタイルがあります。人を笑わせるのが好きな人なら、ネットでも冒頭で冗談を飛ばしてから本題に入るというのもアリかもしれません。唯一の成功法はありません。人それぞれ、相性のいい発信スタイルがあるはずです。

とはいえ、いきなりオリジナルのスタイルを確立するのは難しいものです。まずはロールモデルを見つけることからはじめます。こんな発信、こんなコミュニケーションができたらいいなと思える人を探すのです。はじめのうちはその人の真似をしてみます。

たとえば、自分の仕事に関連するニュース記事だけを取り上げ、毎回それについての意見を発信している人をロールモデルに選んだとします。発信の初期は、あなたも自分の仕事に関連のあるニュースを取り上げるメモをひたすらアップしてみるといいでしょう。**発信をくりかえすうちに、真似し続けられる部分、自分なりに変えた**

い部分がわかってきます。ニュースだけではおもしろくないから、本のメモも入れたいな、と思えば、ニュースのメモと本のメモを3対1にする、といった工夫をするのです。そうして、**ロールモデルの真似をしながら自分のテイストを少しずつ加えていくと、自分らしい発信スタイルを確立できる**はずです。

【発信のポイント5】 PDCAを回していく

SNS発信のよさは、メールとちがって相手のリアクションがある程度見えることです。文字によるコミュニケーションは表情や身振り手振り、声のトーンが欠落していますから、相手の反応を推し測るための判断材料が少ない分、難しさがあります。メールの場合は、文章を読んだ人のリアクションは返事が来なければまったくわかりません。

一方、SNSはすぐにわかります。コメントの有無や数からも、自分の発信を相手がどう感じているか、メッセージが刺さったかどうかはある程度、判断できます。**発信をしたら、相手のリアクションをもとに小さく素早く、PDCAを回していきましょう。**反応がイマイチのときは、テーマ、表現、文章の長さ、写真など、発信を構成するいろいろな要素を変えて、反応の違いをみていきましょう。それでダメなら、また変えてみる。これをひたすらくりかえしていくと、自分の業界やポジションならどんなコミュニケーションのしかたがいいのか、どんなメモを書いたときに盛り上がるかといったことを学べます。

PDCAを回して、コミュニケーションスキルをみがいていきましょう。

【発信のポイント6】 自己ブランディングに役立てる

「自分のためのメモ」を発信し続けていると、**あなたがどんな人なのか、何に興味関心があるのか、何が得意分野なのかが可視化される**ため、自己ブランディングに役立てることができます。

ＳＮＳ発信は、自分が所属する組織の外の人に自分のことを伝えるためのものであって、組織の中の人に伝えるためではない、と考えている人もいるかもしれません。

もちろん、小規模な組織であれば、あなたを知らない人はいないかもしれません。ただ、あなた個人についてくわしく知る人はじつはそれほど多くないのではないでしょうか。あなたが同僚や先輩、上司がどんな人か、何を考えているか、興味関心についてまではくわしく知らないのと同じです。ＳＮＳをビジネスの文脈でうまくつかうと、組織の中の人たちともゆるやかにつながることができます。自分のことを知ってもらうこともできます。

「自分はこういう人間です」ということをネット上で可視化しておくと、組織の外でも中でも何かの機会に「ハプニング」が起きる可能性は高まります。

組織の外で起きたことで言えば、ぼくは以前、ゲーム系の媒体からインタビューの依頼をいただいたことがあります。仕事でゲーム業界との関わりは全然ありませんでしたが、ゲーム好きであることはネットで発信していました。それを目に留めて、インタビューしてみようと思われたようです。これはまさに「ハプニング」です。

誰がどこで、あなたに目を留めてくれるかわかりません。組織の外でもなかでも「知ってもらってなんぼ」です。

【発信のポイント7】

「この人に読んでもらいたい」という気持ちで書く

「自分のためのメモ」という考え方と一見矛盾するようですが、読んでほしい「特定の一人」をイメージすることで、あなたのメモが読まれる確率が上がるのもまた事実です。その人が興味をもちそうな切り口、表現を考え抜いて書いたメモは、本人だけでなく、その人と似た属性の読者の興味も引きつけるからです。

SNS発信はメディアの情報発信とは異なる気軽な「コミュニケーション」なのですから、はじめのうちはリアルで周りにいる人を想定して書いてみてはどうでしょう？　たとえば同僚や友人、職場の上司や先輩といった人たちです。その人たちに

「こんなことがあったんだよ。どう思う?」と語りかけるつもりで書くのです。

慣れてきたら、身近な人以外で、メモの内容によって読んでもらいたい人を具体的にイメージして書いてみる。たとえば同じ業界で発信をしている人、業界の有名人などです。もちろん、相手に合わせて内容や表現を工夫してみます。

ぼくと同じnoteプロデューサーの最所《さいしょ》あさみさんは、「この記事は○○さんに読んでほしい」とイメージして書き、実際にその人が「いいね」をしてくれるかどうかをみるそうです。その人から実際に「いいね」をもらえたときは、心のなかでガッツポーズをするのだとか。こういう意識をもって日々メモを工夫していると、ねらった相手の印象に残る発信ができるようになっていきます。

【発信のポイント8】

「徳力メソッド」をつかう

ぼくのブログの書き方は「徳力メソッド」と呼ばれています。名付け親であるビデオブロガーのジェット☆ダイスケさんによると、ぼくのブログには次のような特徴があるそうです。

「1．タイトルで言いたい事は語り尽くしてしまう
2．本文は単に思い付いたことをつらつらと
3．締まらない締め方、何もまとめずに終わる」
（gajetdaisuke.com より「徳力メソッドというブログの書き方」
https://gajetdaisuke.com/archives/06507_140109.php）

要するにからかわれているのですが（笑）、これを聞いたとき、的を射ているな、とおっしゃる通りだなと思いました。結局のところ、組織の看板を背負ったビジネスパーソンはこのように結論をあいまいにしてしか書けないのです。

ビジネスについて何か書こうとすると、自分はそのつもりがなくても他社批判と受け取られる可能性があります。また、ビジネスに正解はないので、一概に正しい・間違っているといえない場合も少なくありません。

知名度のあるインフルエンサーやバズをねらうTwitter芸人であれば、「こんなのはダメだ！」とバッサリ斬って捨てたほうが「あの人はかっこいい」と思われ、フォロワーが増えるでしょう。しかし、「普通」のビジネスパーソンがこれをやってしまうと、確実に敵を増やしてしまいます。

ぼくらは仕事に役立てるのが目的なのですから、インフルエンサーの真似はしないようにしてください。彼らのなかにはSNS発信のノウハウ本で、自分の成功体験をもとにバズるための近道を教えてくれている人がいます。しかし、いわゆるバズをねらう発信方法は、ビジネスパーソンには危険がありすぎます。

徳力メソッドでは、**インプットした情報を紹介し、それに対して自分はこう思う、なぜならこうだから、でもそうじゃない考え方もできますよね、と書くのが基本型になります。**組織人の発信はこの程度でいいのです。

過激なことや鋭い意見を言おうとする必要はありません。そのほうが「炎上」しにくいですし、読んだ人が情報を補足してくれたり、背景を教えてくれたりして、結果的にコミュニケーションが活性化します。

ジェット☆ダイスケさんは、先の徳力メソッドの説明に続けて、こんなこともおっしゃっています。

「以前、ある学生起業家さんが『ネットでは、知らないフリをしていると、求めていたこと以上の情報が勝手に入って来るんですよ』と仰ってました。

●おっさんは本質的に無駄な議論と説教するのが大好き。
●ヲタやギークは専門分野の知識をひけらかしたがる。
●コミュニティには一定割合で揚げ足取りの好きな連中がいる。

という事を上手く利用してやれば良いのです。徳力メソッドでブログを書くと、上記のような方々が大勢寄って来て、はてブ（著者注：はてなブログのこと）でコメントしたり言及トラックバックしてきたりで、アッという間に多数のツッコミが入り、あらゆる間違いは訂正され、足りない知識は必要以上に補われます。

そして、被リンクも沢山得られてウマーなのです」

（gajetdaisuke.com より「徳力メソッドというブログの書き方」

https://gajetdaisuke.com/archives/06507_140109.php）

ジェット☆ダイスケさんが分析してくれた「徳力メソッド」は（自分で言うのもなんですが）ビジネスパーソンに適した方法なのです。

【発信のポイント9】

対面で言わないことは発信しない

発信にあたっては、カフェで友人とおしゃべりするつもり、あるいは職場で同僚とコミュニケーションをとるつもりで書いてください。**面と向かって人に言わない、言えないようなことを発信しないようにしましょう。**人への配慮が必要なのは、リアルもネットも同じです。

【発信のポイント10】

計画に時間をかけすぎない

ここまで発信のポイントを紹介してきました。ただ、はじめからこれらのポイントにとらわれすぎることはありません。アカウントをつくり、自分のなかで最低限のルールを決めたら、傾聴やリアクション、負担のない発信からはじめていきましょう。

ひとまず、はじめてみないと、発信の感覚はつかめません。

厳格な決まりや綿密な計画を立てて完璧主義にこだわるあまり、結局、発信をしないまま終わってしまう人がいます。考えすぎて頭でっかちになる前に、最初の一歩を踏み出しましょう。

ぼくなりの書き方

最後に、ぼくなりの「自分のためのメモ」の書き方を紹介します。

ビジネス系のメディアのメールマガジンに登録しておけば、毎日のようにメールマガジン（日本経済新聞、日経ビジネス、東洋経済オンライン、ダイヤモンド・オンラインなど）が届きます。まずは、それを見て、ニュースのタイトルだけをチェックし、そのなかから興味のあるニュースを数本読みます。自分にとっていちばんおもしろかった記事を選んでメモをまとめ、ブログにアップするようにしています。同じ内容をFacebookやTwitterやNewsPicksのコメント欄にもアップします。

このニュースチェックからブログに書くところまでを、ぼくは朝、電車の通勤時間の1時間ほどで終わらせるようにしています。

ニュースメモを発信すると、同じニュースが気になっていた人がコメントをしてくれたり、ニュースに関係のある業界の人が情報を教えてくれたりします。「背景にはこういう問題もあって」「いや、じつはそれは違うんですよ」など、その道の人が教えてくれることはひじょうに勉強になります。単にニュースをインプットするより、はるかに記憶に残りやすくなりますし、理解が深まります。

ぼくにとってのニュースメモは、毎朝、「ミニ異業種交流会」をくりかえしているようなもので、気軽に意見交換、情報交換ができます。

Column 2

もし、上司ににらまれてしまったら？

就業規則を確認し、上司に何度も話して理解を得ることができました。ようやく実名でSNS発信をはじめたのもつかのま、どうも上司が怒っているようす……。そんなとき、あなたはどうしますか？

「自分は正しい手順を踏んで、許可をもらったのだから、発信は続けよう。今さら、何だ」と腹が立つかもしれません。

しかし、ここで一度、立ち止まってください。そして、上司がなぜ怒っているのか考えてみましょう。

仕事の半分以上は、他者とのコミュニケーションにあります。上司が怒っているということは、仕事上もっとも身近なひとの一人と、きちんとコミュニケーションができていない可能性を意味しています。

仕事のためのSNS発信を軌道に乗せていくのに、身近な他者との関係性をないがしろにすると難しくなります。ネットのコミュニケーションがリアルの延長線上にあるということは、そういう意味でもとらえていただけるといいなと思います。

上司がとんでもなく嫌なやつで、単純にあなたのことが気に食わないのが怒っている理由だとしたら、あなたはさらにその上の上司や社内のしかるべき窓口に相談することが必要でしょう。

ただ、そうでなければ自分の何がまずかったのか、行動を振り返り、考えてみましょう。立場が変われば、同じ行為でも見え方、受け止め方は変わってきます。いったんは許可されたわけです。それなのに上司が良く思っていないとしたら、決めごとを破っていないか、実際におこなったSNS発信の内容がどんなものだったか、してはいけない発信はなかったか、などを客観的に考えてみると、多くの場合、見えてくるものがあります。

怒っている理由がどうしてもわからなければ、上司に直接聞き、再度、話し合いをしましょう。

原因がはっきりわかれば、次からはそれをしなければいいだけです。とてもシンプルな解決法です。おたがいに思い違いや勘違いをしている可能性があるなら認識のすり合わせをしましょう。

少なくとも、今いる組織で働き続けて成長し、組織を今以上によくしていきたいと考えているなら、反発よりも相手を理解しようと努力するほうが先決です。すぐにあきらめず、コミュニケーションをとる努力をしましょう。

できることは全部やった上で、これ以上のリスクを自分一人でとることはできないと判断したのであれば、組織をやめるのも一つの選択肢として浮上してくるかもしれません。

怒りや失望に任せて退職するのはかんたんですが、組織にいなければできない仕事はたくさんあります。努力や工夫をしないうちに短気を起こして組織を飛び出したりせず、自分はやりきったという納得感をもてるまで、周りとコミュニケーションをとることをあきらめないでいきませんか。

その経験は、粘り強くSNS発信を続けていくことにも生きてくるはずです。

これはぼくが「やりきった」という思いをもてないまま会社をやめた苦い経験があるからこそ、みなさんに伝えたいメッセージでもあります。

Chapter. 3

アウトプットを、
したたかに
ズラす

「メモ」から
コミュニケーションを生む

「自分のためのメモ」に小さな工夫をする

はじめのうちはなるべく期待値を下げて、あくまで「自分のためのメモ」と思うこと。しかし、ある程度慣れて続けることができるようになったら、今度は小さな工夫をほどこしていきましょう。少し工夫をするだけで、自分のためのメモからさらにコミュニケーションが生まれるようになるのです。

コメントがつくなどしてくると、人とのつながりができ、ネットワークがひろがっていきます。あなたの発信が相手の記憶に残り、あなたに対する印象、信頼感が形成されていきます。それらがネットの世界を超えて、リアルにまで反映されるようになってくるのです。

自分のためのメモからコミュニケーションを生むコツは、**発信の方法を人とは少しズラす**ことです。メモの書き方、発信の仕方を少しズラすと、メモを起点にコミュニケーションが生まれるまでの時間を短縮できます。「わらしべ長者」になるスピードが加速するのです。

前述のとおり、ぼくは新卒で入った会社を飛び出し、転職してもなかなか成果を上げられず、クビの恐怖にさいなまれる時期を過ごしました。そんな状況でしたから、出会った人とにかくつながりをもち、コミュニケーションをとれる状況をつくりたいと思っていました。今後、また会社をやめても、たくさんの人とつながっていれば何かしら仕事を得られるのではないか。そんな期待もあったからです。

そのため、ぼくはブログをはじめるようになってから、少しだけ人とは違う工夫をするようになりました。工夫といっても難しいことではありません。**誰にでもできるちょっとしたことで、ほとんどの人がしていないことをするだけです。**

たとえば、**名刺交換をしたら必ずメールを送る。**この習慣は今も続けています。ぼくに興味のない人にとっては意味のないメールになるかもしれませんが、あまり気にせず送っておきます。

すでに相手との仕事が発生している場合はともかく、異業種交流会やパーティーなどではじめて会った相手に必ずメールを送る人は少ないのではないでしょうか。だからこそ、ここでメールを送っておく。この小さな工夫が、あとになって効いてきます。

十分に話せなかったけれど聞きたいことがあった、という人にはメールを送るとよろこばれます。数カ月、ときには数年経ってからぼくのメールを思い出してくれて、仕事の相談をされたり依頼をいただいたりすることもあります。こうしたことは、こちらからメールを送っておかなければおそらく起こらなかったでしょう。

Facebookでも同様です。**知り合った相手が「Facebookをしているなら、「よければ、つながってもらえませんか?」とメッセージをそえて友達リクエストをしておく**のです。**Twitterをしている方なら、フォローしておく。**

せっかく知り合った相手がどんな人かわかりますし、こちらのことも知ってもらえます。すぐに仕事に結びつかなくても、SNSでゆるくつながっておくことで、後々いいことが起きる可能性があります。

こうした小さな工夫を、自分のためのメモにも仕込んでいきましょう。

「プルのコミュニケーション」をうまく利用する

自分のためのメモからコミュニケーションを生み出すには、プルのコミュニケーションのメリットをうまく利用します。つまり、「読んで読んで」とプッシュのコミュニケーションで「押す」のではなく、相手があなたのメモを読みたくなるように工夫をして、相手を「引き寄せ」ていきます。一見回り道のように見えますが、このほうが結果的に近道ができ、拡散のスピードも速くなります。

メモをプルのコミュニケーションにする例を挙げましょう。ぼくは興味のあるスタートアップが出てきたら、**まずその会社の興味あるサービスや商品のニュースをもとにブログを書きます。**創業したばかりのスタートアップはたいていエゴサーチ（自分の名前や自社名で検索すること）をしていますから、先方がぼくのブログを見つけて、「書いてくれてありがとうございます」などと会話をもちかけてくれます。

自分からいきなり「お話を聞きにいってもいいですか?」と言うより、「ブログで紹介してくれた人」という状態からスタートできるので、コミュニケーションのハードルが下がります。リアルの出会いにつなげるのもはるかにラクになるのです。

メディアに顔を売りたいと思ったときも、いきなり「会ってもらえませんか?」と言うより、そのメディアに合うメモをブログ上に30本ぐらいアップしておき、「こういう感じの記事を書けます」と言ったほうがはるかに会ってもらいやすくなります。

このように、自分のためのメモを淡々と発信しつつも、相手からコミュニケーションしたくなる、つまりプルのコミュニケーションを生むための工夫も仕込んでいく。これがメモをコミュニケーションにズラすコツです。

ここからは、このコツのバリエーションを紹介していきます。

【ズラすコツ1】 意中の人や企業に探される準備をする

メモをコミュニケーションにズラしていくためには、そのメモの存在に気づいてもらい、読んでもらわなければはじまりません。あなたのメモは、必要としている人に探される準備ができているでしょうか?

あくまで「自分のためのメモ」ですから期待値は下げておかねばなりませんが、**読んでほしい相手があなたの発信を見つけられるような工夫**だけはしっかりしておいてください。そうでなければ、メモはずっと、メモのままになってしまいます。

探してもらうためのキーワードは必ず発信のなかに入れておきましょう。**〈本のメモ〉なら「著者のフルネーム」「タイトル」、〈イベントのメモ〉なら「イベント名」「登壇者のフルネーム」「主催者名」は外せないでしょう。**せっかく書いたのに漢字が間違っていたり、フルネームでなかったり、名称を書き間違ったりしては見つけてもらえませんし、相手にも失礼になります。「ニュースのメモ」でも同様です。固有名詞は間違いなく、確実に入れましょう。

本を出したばかりの著者、新サービスをリリースしたばかりの企業は、とくに頻繁にエゴサーチをしています。自分の商品が世間でどんなふうに受け止められているかは気になるものです。出版社の編集者も、読者の反応はチェックしています。

あこがれの人に読んでほしい、いつか会いたい、この企業とつながりたいと思うなら、したたかに淡々と、いつ探されてもいいように準備しておきましょう。**つながりたい企業があれば、その企業のサービスについて発信を続けておきます。**

会って話をしたいなら直接連絡をとればいい、と思うかもしれませんが、どんな人間かわからない人から「会ってほしい」と言われても警戒され、逆に縁が遠のいてしまうことも多々あります。

一見遠回りに見える道のほうが、じつは近道になります。うまく発信しておけば、相手はあなたに対して感謝し、興味をもってくれます。印象にも残りやすくなります。著名人にセミナーや勉強会の講師を依頼する場合にも、引き受けてもらえる確率が高くなるでしょう。過去にまったく接点のなかった人が、いきなりホームページの問い合わせフォームから「勉強会の講師をしてくれませんか?」と依頼した場合と、ネットで接点があり、よく自分のことを知ってくれている人から同じ依頼がきた場合と、どちらが安心して返答できるか、想像してみてください。

著者がFacebookやTwitterをしているなら相手の名前や本のタイトルのハッシュタグをつけて発信したり、思いきって本人にメンション（メッセージを送りたいユーザー名の前に@をつける投稿方法。相手に通知が行くので気づかれやすい）を飛ばしたりするのも手です。あなたの発信に気づいてもらいやすくなります。ただし、発信のタイトルを本のタイトルとまったく同じにしていると、一見、ECサイトのリンクに見える可能性もあるため、発信の際は興味をもたれるタイトルを新たに考えたほうがいいでしょう。

もっとも、これらの工夫をしたからといって、最初から反応を期待しすぎないようにしてください。準備はしっかりしつつ、淡々と「メモ」を発信していきましょう。

【ズラすコツ2】運営元に選ばれる話題や切り口で書く

SNS発信の目的として、いつかメディアで発信をしてみたい、連載をもちたいと考えている人がいると思います。その場合は、「自分のためのメモ」を、メディアの運営元に取り上げてもらいやすいようなテーマや切り口にズラしていきましょう。

あたりまえですが、仕事の愚痴や他社攻撃、批判ではなく、全国のビジネスパーソンや業界の関係者の利益になるネタが好まれます。時事性、季節性、話題性を盛り込んで、メディアが興味をもちそうなメモを戦略的にアップし続けていきましょう。

あなたが「いつか書評を書いてみたい」という野望をもっているなら、まずは練習として自分のブログに「本のメモ」をアップし続けます。フォロワー数やPV数といった人の反応は気にしない。あくまで自分のために書いていきます。

自分のためのメモを書くのに慣れたら、今度はそれをコミュニケーションにズラす意識をもちましょう。それには、どんな工夫ができそうでしょうか？　たとえば、ある雑誌の書評欄と似た形式で書く。書評を掲載しているメディアのテーマに合わせ、そのテーマに合致する本を中心に取り上げる。具体的な読者像を決めて、その人の役に立つようにと考えながら書く。こうした工夫を続けるうちに、反応があるかもしれないし、連載の依頼がくるかもしれません。ぼくも「本のメモ」を上げ続けていたら、書評の依頼がきたことがありました。

ある程度、発信が蓄積されてきたら探されるのを待つのではなく、自分でメディアの運営元や編集部に売り込むのも一つの方法です。「こういうことを書けますよ」とブログで示すことができれば、メディア側も採否を判断しやすくなります。

ぼくもかつて、メディアの記者にコンタクトをとったり、書き手として応募した経験があります。連載をもっていると人の目に留まりやすくなり、イベント登壇や他の仕事につながることも期待できますから、チャレンジして損はないと思います。

今、ウェブメディアの数は増えつつあります。一企業がオウンドメディアを開設し、情報発信することもめずらしくなくなりました。ネタを探しているメディアはひじょうに多いと感じます。このチャンスをぜひ生かしましょう。

【ズラすコツ3】

流行《はや》りものには飛びついておく

流行りものや新しいもの、話題のものに飛びつくのは、コミュニケーションの量を増やす一つのセオリーです。**多くの人がその情報を求めているので、実際に体験・使用した感想を発信すると、コミュニケーションが生まれやすくなります。**

新商品や新サービスが出たときはいいタイミングです。前述のように企業側も発信してくれる人を探していますし、ユーザーの反応を気にしています。向こうからあなたの発信を見つけてくれたり、シェアやコメントをしてくれることもあるでしょう。

スタートアップだと、なかなかメディアに取り上げてもらえない、商品やサービスがひろまっていかないことも少なくありません。それをあなたがいち早く発信すれば、よろこばれるはずです。印象に残れば、何かしらのお声がかかることもあり得ます。

もちろん、興味がないものを取り上げる必要はないし、あなたのビジネスとまったく関係ないものまで手当たり次第、試すことはありません。それでも、好奇心をもってネタを探していると、思わぬコミュニケーションが生まれるかもしれません。

【ズラすコツ4】 未来に価値を置き、ポジティブに書く

大切にしてほしいのが**「未来予測」の観点**です。過去の事例をもとに他社や他人に批評を加えるより、未来予測に重点を置いたほうが新しいビジネスのアイデアにもつながります。

「ニュースのメモ」をまとめるときは、過去より未来に価値を置くようにしてみてください。将来的に社会を変化させるであろう話題や、今後おもしろくなりそうな分野、新しいものを紹介する記事を選び、その情報をもとに未来がどうなるのかを考えるのです。既存のものと新しいものとの組み合わせを提案したり、自分の業界が将来どう変化するかを予測したりといったことです。

評論家的に良し悪しを評価するより、よほど建設的で生産的なメモをつくることが

できますし、未来予測の力をみがくことにつながります。

ただし、予測には誤りがつきものです。もし間違ったとしても消さずに残しておきましょう。はずかしいかもしれませんが、**記録を残しておくと自分の予測が当たったか外れたかの振り返りができます。**結果として、ビジネスの感覚をみがくことにもつながるのです。

たとえばぼくの場合、２００８年にアップルからiPhoneが発売されたとき、「iPhoneは日本では米国ほど流行らない可能性が高いのではないか」という趣旨のブログを書きました。当時はガラケー全盛の時代ですから、主流にはならないと思ったのです。予測を思いきり外したわけですが、今の市場動向が今後を占うことにはならない学びとして、また、自分の戒めのためにも、あえて、この発信は今でも残しています。

発信するときは、**関係者が読む前提でまとめましょう。**ポジティブな内容のほうがシェアされたり反応をもらったりしやすくなります。

仮に、どうしてもネガティブな点について言いたいとしても、上から目線でバッサリ斬るような言い方をしては相手が気分を害します。あなたの仕事にもいい影響はないでしょう。相手が傷つかない表現を練り、未来に向けた改善の提案やブレストをするつもりで、ポジティブな方向に振って書くようにしましょう。そのほうが炎上もしませんし、何より自分のためになります。

いつか言及した物事と関わりのある人とリアルで会ったり、自分の顧客になったりする可能性もあります。もちろん、いいと思わないのにヨイショする必要はありませんが、なるべくネガティブに偏らないように書くのはビジネスパーソンの基本です。

【ズラすコツ5】ニッチに絞って「深さ」で勝負する

コツ3と若干矛盾しますが、マスに受ける話題を取り上げるより、**ニッチな話題で発信するのもズラすコツ**の一つです。たとえば、世間がある話題でもちきりだからといってその話題だけで書くより、その話題もからめてあなたの業界や専門分野の話題を書くほうがあなたらしい発信になりますし、キャリアアップにいい影響をもたらしてくれます。その分野の専門家、第一人者でなくとも「語るにふさわしい人物」

として認識され、連載やイベント登壇の話がきたり、仕事につながったりという可能性がひろがります。適切なテーマや分野を選んでいれば、自分にしかできない発信もできます。

たとえば、あなたがベンチャー企業の採用担当者で新卒採用について何か書きたいとします。「新卒採用はどうあるべきか?」だとテーマが広すぎます。もっとくわしい、適切な専門家がすでにいるかもしれません。しかし、「10人規模のベンチャーにおける新卒採用のポイント」とテーマを絞ったらどうでしょうか。大企業の採用担当者には語ることのできない、あなたならではの発信となるはずです。

中堅や若手であっても、その立場の人の話を求めている人は世界中のどこかにいる。そう考えれば、発信の切り口はいろいろと思い浮かぶと思います。自分がもっとも得意とするテーマに思いきり絞って発信しましょう。

これはぼくの個人的な意見なのですが、今のネットメディアは「深さ」より「広さ」を重視する方向に向かっているようにみえます。「広さ」を重視するメディアとして代表的なのはテレビです。日本全国のマスに向けて、なるべく多くの人が興味をもつ話題を取り上げる傾向があります。たとえば、ある局が事件Aについて取り上げて話題になると、他局のワイドショー番組でも一斉に事件Aを取り上げる。それが「広さ」を重視するということです。

テレビのめざすところは視聴率アップですから、「広さ」、つまりマスをねらうのは当然です。しかし、ぼくらは読者数やフォロワー数でなく、自分の仕事に役立てることが目的なので「広さ」よりも時には「深さ」で勝負していきましょう。人事の用語でいうなら、「T型人材」をめざす。つまり専門分野をもち、その分野における深い知識や豊富な経験を軸としながら、それ以外のジャンルにも幅広く目配りするのです。自分の専門軸を深掘りしつつ、周辺の話題にもちょっと言及するぐらいのバランスで発信するといいでしょう。

メディアにたとえるなら、テレビではなく業界紙や専門誌のイメージです。たとえばある国の政策に対して激しい批判や評価をするような発信より、その影響によって自分と関連する業界が今後どう変化するかを考えてメモにしたほうが、ビジネスパーソンらしい発信になります。

【ズラすコツ6】 正論よりも不完全を残す

人は意外と「教えたがり」です。正論や正解を発信するより、わからないことや疑問、悩みを素直に口にできる人のほうが好印象で共感を呼びます。コメントがつき、コミュニケーションが生まれやすくなります。

一分のスキもない完璧な発信は、間違いも炎上の心配もなく、一見するといい発信のように思えます。しかし、そうした発信は読者にとってはおもしろくもなんともありません。刺激を受けることもないため、話はそれ以上に進展しません。コメントをくれる人がいないと、コミュニケーションは生まれにくくなります。

正論に終始せず、会話を誘発するような発信を意識しましょう。たとえば、イベントや本、ニュースのメモであっても、備忘録で終わらず、**自分の意見や考えをひと言でもそえてみてください。**そのほうがおもしろい人だと認識されます。

ぼくも日々、ニュース記事のメモを発信していると、記事に関係のある業界の人がいろいろなことを教えてくれます。小さいところでは誤字の指摘から、「これ、事実と違っていますよ」という指摘、「こうしたほうがいいですよ」のアドバイス、「こんな話を聞きました」という情報提供までもらえるのです。**フィードバックをもらえたら、相手に感謝するのを忘れない**でください。

優等生的な発信をめざして回数や頻度が下がるより、多少不完全でもどんどん発信したほうが得るものは大きくなります。ただし、明らかな間違いばかりの情報は読む人を混乱させてしまうので、最低限のチェックはしてください。

【ズラすコツ7】　リアルを組み合わせる

継続によって「自分のためのメモ」はコミュニケーションを生むようになりますが、そこにリアルのコミュニケーションも組み合わせていくと、「わらしべ長者」になるスピードを加速させることができます。

ビジネスパーソンと相性がいいのは、**セミナーや勉強会といったイベントの開催**です。「まとめ役」を買って出れば、登壇者・参加者双方とのつながりができ、ネットでもリアルでもネットワークをひろげることができます。

インターネットによって、イベントを企画・開催するハードルは格段に下がりました。告知がかんたんにできますし、募集のページをつくって参加者に協力してもらえば何人ぐらい参加するかは見当がつきます。キャッシュレスアプリやチケットアプリも普及したため、前払いで参加費を集めることも難しくありません。オンラインのイベントにすれば、開催のハードルをさらに下げることもできます。

ぼくは2004年に「アルファブロガーを探せ」というChapter.0でもお話しした「アルファブロガー・アワード」の前身となる投票企画を実施しました。それに付随して、選ばれたブロガーとの語る会も開催しました。これはネットでしかつながりのない有名ブロガーの方々と企画を機に知り合い、話を聞きたくて企画したものです。

あこがれのブロガーと話をしたいとは思っていましたが、有名ブロガーがぼくだけのために時間を割いてくれることは難しい。そこで、話を聞いてみたいと思う参加者を大勢集めれば、ブロガーにとっても参加者にとってもメリットがあり、よろこんでもらえると考えたのです。自分の存在もみんなに知ってもらうことができ、感謝もされる。そこからまた、新しいつながりが生まれていくのです。

少しレベルが高いかもしれませんが、小規模セミナーや勉強会を主催してみると、ビジネスネットワークが一段とひろがります。

【ズラすコツ8】　横のつながりに目を向ける

一人でコツコツと発信するのもいいですが、横のつながりに目を向ければ、さらにコミュニケーションを増やすことができます。はじめは個人の発信としてはじめたとしても、**周りの人をもっと巻き込めないか、リアルとネットでコミュニケーションの総量を増やすにはどうすればいいか**を考えてみてください。

ぼくはブログをはじめたころ、7、8人で共同運営のウェブサイトを立ち上げ、そのまとめ役をしていました。当時、すでに有名ブロガーが何人もいて、後発のぼく一人ではその人たちに引けを取らない発信ができる見込みはないと感じていました。

でも、せっかくブログをやるならちゃんと続けて、少しは名前を知られるようになりたい。そう考えて、共同運営者それぞれの個人ブログがまとまって表示されるサイトをつくってみたのです。

自分は毎日発信できなくても、共同運営するメンバーの誰かしらがしてくれれば、ウェブサイトでは日々新しい情報が発信されている体裁をつくることができます。そうすると、定期的にきてくれる読者を増やすことができます。

一人で発信するのと、数人でコミュニケーションをとっているようすが発信されるのとでは、読む側からの見え方が違います。後者はディスカッションが活発におこなわれている場に見えるので、他との差別化にもなり、目立つことができます。

これはマーケティングの事例になりますが、2018年に肉メニューを提供する外食産業5社による「外食戦隊ニクレンジャー」という企画が話題になりました。1社で宣伝をするより、関連の企業といっしょにやるからこそ盛り上がる。このようなしかけを考えてみてはいかがでしょうか。同業者の人や同じ興味を持つ人とつながり、一緒に何かをするのも手です。

【ズラすコツ9】　無理のない範囲で背伸びをする

インターネットのおかげで、個人がSNS発信によって有名になれるケースが増えています。

今は「自分にとって少々高い目標かな」と思っても、それに向かって動くと、長期的には実現できる可能性がある時代です。ちょっと背伸びした野望を腹にもちつつ、それに向かって一段一段、階段を登っていくような気持ちで発信をしていきましょう。

「自分はこの程度の人間だ」と決めつけてしまうと、それを超える「ハプニング」はなかなかやってきません。日々の行動でちょっと背伸びをする意識をもってみてください。自分の現状より少し上をいっている人とつながる、ふつうに暮らしていたら会うことのできない専門家との企画を考えるなど、意外とできることはあるものです。

ぼくは2017年から「メディアミートアップ」というイベントを企画・開催しています。これはアメリカのフェイクニュース騒動や日本のWELQ問題をきっかけに個人的な問題意識から企画した、「メディア」がテーマの勉強会です。登壇者としてお招きしてきたのは、ニュースメディアの編集長クラスの方や著名なライター、ブロガーなど、メディアの第一線で活躍する方ばかりです。

メディア系でも何でもないぼくが「メディア勉強会をしましょう」と言っても、人はほとんど集まらないかもしれません。ただ、メディアの現場で奮闘する登壇者の話を聞きたいと思っている人は多いはず、と考えました。そこでぼくは思いきって背伸びをしてメディアの勉強会を企画しているというわけです。

ここで「自分はメディアの人間じゃないし」と思ってしまうと、登壇者の方々のお話を聞くことはできませんし、登壇者や参加者のみなさんとつながる機会もなくなってしまいます。無理のない範囲で背伸びをしてみれば意外と願いはかなうのです。

【ズラすコツ10】 量より質、数より熱量を重視する

ブログやSNSにはPV数、リーチ数、フォロワー数といった「数字」が表示され

ます。それが日々増えたり減ったりすると気になってしまい、ついつい何度も見てしまいます。「1カ月以内に2000フォロワーを獲得する」とか「月間10万PVをめざそう」などと高い目標を掲げても、たいてい思うようには増えません。そうするとおもしろくなくなり、発信をやめてしまう人がいます。

くりかえしになりますが、基本は「自分のためのメモ」です。数字に関心を寄せすぎないようにしましょう。数字に一喜一憂するよりも、コミュニケーションできる同じ業界の仲間がいるかどうか、日々ウォッチして勉強をさせてくれる師匠を見つけられたかどうかといった点に着目したほうが、よほど仕事のためになります。

仲間や師匠を得るためには、自分の価値観や興味、意見を積極的に出すような発信をしましょう。すると自分と似た立場にある人、同じ業界や近い業界の人、同じ価値観の人が集まってきてくれます。それはほんの数人であっても、リアルのつながりと変わらない、大きな価値のある人たちです。

コミュニケーションのないフォロワーがたくさんいるよりも、はるかに質のよい、熱量のある価値です。交流ゼロの無言のフォロワーより、自分に興味をもってくれてコミュニケーションができる仲間を増やす意識で発信していきましょう。

ときには思いがけず発信がバズって、ＰＶ数が激増する経験をする人もいるかもしれません。たくさんの人に読まれるとコミュニケーションが増える可能性があり、それはいいことなのですが、こわいのはその後です。同じＰＶ数が得られないと満足できなくなってしまうのです。

でも、ぼくらビジネスパーソンが発信する目的は、ＰＶ数ではなかったはず。そのことを思い出し、発信の原点に戻ってきてください。「自分はなんのために発信をはじめたんだったっけ？」とキャッチコピーや決意表明を思い出しましょう。

そして**あなたの発信を読んでくれた1ＰＶ、1フォロワーを、単なる数字と思わず、「一人」と出会ったと認識するようにしましょう。**リアルで一人、友人が増えたらそれは大きな出来事だと思います。ネットも同じです。一人でも数人でも、自分のおしゃべりを聞いてくれて、コミュニケーションをとれる人がいるのは、それだけですばらしいことではないでしょうか。

Column 3

私たちに起こった「ハプニング」事例

ここでは、ぼくとSNSでつながっている方々にご登場いただきます。実際にSNSを活用して、ビジネスや個人的な活動に役立てているみなさんです。企業や団体に所属する人を中心に、個人で事業をおこなっている人の事例も紹介しています。ぜひSNS活用の参考になさってください。

SNSはコミュニケーションのツールであること、リアルの延長線上でつかうと仕事に役立つこと、「プルのコミュニケーション」であるがゆえに自分でも思いがけない「ハプニング」を体験できることがおわかりいただけると思います。

※所属先と肩書は、本書刊行時点のものです。

外資系ＩＴメーカー　会社員

鈴木奈津美 さん　【https://nokogiri-blog.com/】

一つの会社に長く勤めていると、どうしても人とのつながりが限定的になります。ブログをはじめたのは、今いる環境で新しいことに挑戦し、自分の殻を破りたかったから。**学びのアウトプットの場として活用**しています。**主宰する「母親アップデートコミュニティ（HUC）」の活動に対する思い、ミーティングやイベントの内容もブログで発信することでコミュニティの内外の共感を得ることができ、クラウドファンディングの成功にも寄与**しました。メンバーに加わりたいというご連絡をいただくこともあります。ブログの継続は自分の自信にもつながりました。学んだことを人にわかりやすく伝える工夫をするのが得意、という自分の強みも認識することができました。

IT企業　プロジェクトデザイナー

柏木 誠さん【https://note.com/memo_notes】

2018年8月から**note**をほぼ**毎日更新**しています。きっかけは楽天大学学長の仲山進也さんとYahoo!アカデミア学長の伊藤羊一さんのイベントで本を一冊書くと成長できると聞いたことです。**1000文字の記事なら100日、500文字なら200日書くことで本一冊分10万字を書ける**なと考えて書きはじめました。発信にあたっては念のために**人事部に確認**をとりました。noteによって自分の仕事やノウハウの言語化ができ、暗黙知を形式知にすることができました。リモートワークが増えたいま、自分のテキストコミュニケーションのレベルが上がったことを実感しています。知人がnoteの記事をシェアしてくれた結果、**面識のない方から研修の依頼をいただき、会社を通して引き受けた、**ということもありました。

広告会社　プロデューサー

ようこさん　【https://twitter.com/sunny4050】

SNSでは節度ある発信を心がけています。その上で気づいたこと、おもしろいことを少しアングルを変えて読者が楽しめる形でアウトプットするようにしています。人を傷つけたり恣意的に動かそうとせず、法律や社内規程に違反しない範囲で飾らない発信を継続すれば、発信者の日常、人柄、興味関心や人として重要な部分のスタンスを伝えることができ、バズらせずとも仕事に役立ちます。私自身、**転職活動を迷っていることを対象を絞って発信したところFacebookでお声がけいただき、転職につなげることができました。**また、noteを見てくれたメディア関係の友人の推薦により、**海外の展示会にプレスパスで参加。**その報告会の資料が社内外で活用され、**社外では人をご紹介いただく**など有機的なつながりが生まれています。

（株）シーエスレポーターズ　広報・マーケティング担当

遠藤涼介 さん　【https://twitter.com/ryosuke_endo】

Twitterと**note**を使っています。Twitterは純粋に楽しそうだったからはじめたのですが、noteは自分の思考をもっと深掘りしたい、そのためにはアウトプットが必要だと感じたのが発信のきっかけです。**現在の会社に転職したのは、僕の企画したクラウドファンディングに関心を持ち支援してくれた役員の方とTwitterやnoteでつながれたから。**その方から「広報の人材を探している。ふだんの発信が好みなので、それを会社でも生かしてほしい」と「Twitter経由で誘っていただきました。**僕のnoteを読んでいっしょに働きたいという方が応募してくださる**ようになり、うれしく思っています。

(株)リブセンス　ディレクター

まさよふさん

【https://twitter.com/masayofff】

Twitter は２０１７年の年末から、**note** は２０１８年４月から使っています。所属を明らかにして個人で発信したらおもしろいのではないか、業務にも役立つかもしれないと考えたのがきっかけです。自分を出して発信すると、周辺に同じ興味関心をもつ人のネットワークが広がり、オフラインで会わなくても関係を構築できます。弊社のサービスを前の職場で利用していたため、**note にユーザーレポートを書いたところ、当時の事業部長が読んだことがきっかけで転職につながりました。**ＳＮＳをはじめてから**イベントや取材のお声がけをいただく**ことも増えました。今後も社内外の方と対話を重ね、ともに情報発信をおこない、お互いの価値を引き出し合える仲間を増やすような活動をしていきたいと考えています。

（株）NAVICUS　執行役員

マダムふくだ（福田とも子）さん　【https://twitter.com/currygirlchan_】

これまでに**5回転職しており、そのほとんどにTwitterが関わっています。**弊社の**社長とは、お互い企業アカウントの「中の人」として知り合い、ともに働くことになりました。**ふだんからSNSでやりとりしていて、執行役員就任の打診もTwitter経由でされました。じつは**夫との出会いもTwitterがきっかけ**です。それほどSNSは私の人生に大きな影響をあたえています。SNSの利点は、発信することによってゆるくつながりを保てるところです。一度リアルで離れても、つながりが復活しやすいと思います。**転職後、SNSで会社紹介をしたところ、前職時代の取引先の方からお仕事のご相談をいただきました。**元同僚から、転職先で相談があるとお声がけいただくケースもあります。

店舗のICT活用研究所　代表

郡司 昇 さん　【https://twitter.com/otc_tyouzai】

Twitterが仕事にも役立つことを実感したのはドラッグストア・調剤薬局を運営するココカラファインに在籍していた時です。薬剤師として東日本大震災の医療ボランティアをした際、テレビのニュースよりTwitterのほうが情報が早く、現地の状況把握に役立ちました。薬の画像がまとまっているサイトをTwitterの薬剤師仲間から教えてもらい、被災者の方が飲んでいた薬の特定に役立てることもできました。Facebookで興味関心、やりたいこと、相談事を上げておくと誰かが情報をくれます。ある時、**アメリカの小売チェーンを視察してみたいとアップしたところ、社外からお声がけいただき、アメリカ行きが実現。**この視察が縁でつながったマーケティング関係者とは今でもオンライン・オフラインで交流しています。

（株）ビジョナリーホールディングス　執行役員

川添 隆さん　【https://twitter.com/tkzoe】

今もっとも重きを置いているのが**Twitter**です。自分の考えをストレートに出す場として、**考えたことやニュースのコメントを即時性をもって発信**しています。「ずっと前から発信を見ていました」と言ってくださる方と突然つながれるのがおもしろい。クラウンジュエル（現ＺＯＺＯＵＳＥＤ）への**転職はアメブロ経由で社長にメッセージを送ったのがきっかけ**でした。また初めてＥＣ専門ＷＥＢメディアに取材してもらった記事をFacebookでシェアしたところ、**友達が拡散してくれてＰＶが上がり、連載依頼**をいただきました。「記事が記事を生んでいく」ことを実感しています。最近では**僕のnoteがきっかけとなって他社のサービスに取材依頼がくる**パターンが増えており、うれしい限りです。

バッグメーカー　EC責任者

北山 浩 さん

【https://twitter.com/rossi_kitayama】

仕事に生かせるのではと思い、2018年11月に実名で **Twitter** のアカウントを取り直しました。できるだけ早く情報を知りたかったため、**EC関係の方をどんどんフォロー**するように。結果、**EC分野の著名な方々とつながることができました。**その方々から「セミナーで得た情報はアウトプットして初めて自分のものになる」と教わったため、**note**でも発信を開始。記事を読んだ**ヘッドハンターからコンタクト**がきたのは驚きでした。

また、お会いしてみたいと願っていたEC関係の方ともTwitterをきっかけに面識を得ることができ、私が会長を務めるメーカー系EC担当者の**勉強会に講師として来ていただいたり、ビジネス抜きの懇親会で熱く語り合ったりする関係**を築けています。

金融機関　グループリーダー

下坂泰造 さん

【https://twitter.com/taizo_now】

4年ほど前、金融商品の企画・推進のため、デジタルマーケティングを学ぶ必要が生じました。当時は金融機関向けの場がなく、ＥＣのイベントに参加するようになりました。それを機に登壇者や参加者とコミュニケーションを取るため、アカウントを匿名から実名に変更しました。ＳＮＳは、**ふだん仕事で会わないイベントの登壇者や著者、異業種の方と直接つながれる**のが大きなメリットです。私の知り合えた方々には「マーケティング業界を良くするために良い情報はシェアしていこう」という考えの方が多く、良質な知識や情報を学べて本当にありがたかったです。また、**Twitter**で知り合った方から**提案をいただき、いっしょに仕事をした**こともあります。人脈や仕事の幅をひろげられるのもＳＮＳのメリットだと感じています。

（株）ヤプリ　会社員

島袋孝一さん【https://www.facebook.com/koichi.shimabukuro】

友人の受け売りなのですが、**Facebookは「個人のプレスリリースメディア」**になっていると思います。人が発信を見つけて読んでくれることでご縁ができ、情報提供や、登壇・取材・寄稿のご依頼をいただけています。自分の仕事や情報を周りがひろげてくれて、それが回り回っていくのを実感しています。ヤプリには、以前から**SNSでつながっていた社長にFacebookのMessengerで相談したのがきっかけで転職**しました。弊社がbosyuというサービスを使って求人を出した際には、僕のTwitter経由で面識のない方からの応募がありました。彼が**日常的に僕の発信を見てくれていたためにカルチャーマッチの点でもスムーズに採用過程を進み、**入社いただくことができました。現在もたいへん活躍してくれています。

ブランディングテクノロジー（株）　執行役員CMO

黒澤友貴さん　【https://note.com/tomokikurosawa】

マーケターにも基礎トレーニングが必要だという問題意識から「マーケティングトレース」という言葉と考え方を提唱しています。２０１８年、このマーケティングトレースについて**note**を書いたところ、フォロワーは多くなかったにもかかわらず大きな反響をいただきました。**仲間が集まり、コミュニティの立ち上げにまでつながりました。**この盛り上がりを見てくださった**編集者さんからFacebookのMessengerで連絡をいただき、書籍『マーケティング思考力トレーニング』（フォレスト出版）を出版**することもできました。ＳＮＳのおかげで面識はなくても相手を認識し、つながることができるため、**コラボイベントや業務提携がしやすくなりました。**やりたいことの実現のスピードが格段に上がったと感じます。

ワークスモバイルジャパン（株） 執行役員

萩原雅裕 さん 【https://twitter.com/Masa_Hagiwara】

Twitterと**note**を中心に使っています。Twitterはビジネスに役立てることを目的に、情報収集とアウトプットのために**ほぼ毎日活用**しています。最近はビジネスの連絡でもTwitterを利用する場面が増えています。一方、noteはパーソナルな視点での長文投稿が中心で、**更新は月1回程度**です。２０１９年、大企業からの転職と自社サービス立ち上げについて書いた個人のnoteの記事が大きな反響を呼び、**サービスの認知拡大、既存顧客のロイヤルティ向上、採用候補者への訴求、露出機会の拡大**につながりました。印象的だったのは「自分の使っているサービスをこういう人がつくっていると知ることができてよかった」というお客様のお声でした。この記事がきっかけとなり、**雑誌や新聞から私個人への取材依頼**もありました。

（株）ビーコミ　代表取締役

加藤恭子さん　【https://twitter.com/kyocorin】

Twitter・Facebook・Eight・LinkedIn など、さまざまなSNSを使っていますが、**もっとも私の仕事に役立っているのが LinkedIn** です。**英語で海外の方向けに会社や仕事の情報を発信**しています。LinkedIn には推薦文のコーナーがあり、弊社に仕事を発注してご満足いただけたクライアントに書いていただいています。おかげさまで弊社の**海外案件の約４割は LinkedIn 経由**です。見ず知らずの会社に発注するのはリスクがありますが、知り合いが「この会社はいいよ」と推薦していることで安心感、信頼感をもっていただけているようです。Twitter で**広報に関する情報**を発信したところ、**外資系企業の日本人社長の方からご連絡をいただき、お仕事につながった**こともありました。

ONE JAPAN　共同発起人・共同代表

濱松　誠さん　【https://www.facebook.com/mac.hamamatsu】

２０１８年末まで在籍していたパナソニックで全社の若手社員をつなげるOne Panasonic を立ち上げ、大手企業の若手有志をつなげるONE JAPANも設立しました。これらの活動に不可欠だったのが**Facebook**です。**面識のない方にも私のことや活動の内容、それに対する反応を伝え、発信力や影響力を高める**のに役立ちました。Facebook を軸にメールや電話、対面も駆使して**パナソニックの卒業生ネットワークをつくり、退社した人が再入社する「出戻り文化」の醸成にも寄与**しました。かつては社内活動や社外活動はアングラでおこなわれるものでしたが、個人と社会をアップデートし、社会をよりよくするのが目的なら、表に出すほうが社会的インパクトも大きくなります。

ONE JAPAN　共同発起人・共同代表／パラレルアクセラレーター

山本将裕さん

【https://twitter.com/parallelaccele】

NTT東日本在籍時、NTTグループの若手を横断的につなげる「O－Den」を立ち上げ、勉強会や交流会を企画してきました。活動の様子を**Facebook**に投稿すると仲間が集まり、活動が大きくなりました。有志で新規事業創出のためのアクセラレータープログラムを立ち上げる際もこの**つながりのおかげでチームができ、社内で実行できました。**また、**継続して発信**したことで、大企業の若手有志団体のコミュニティである**ONE JAPANの設立にもつながっています。**2020年3月、SNSで**退職の挨拶**をしたところ、**仕事をしようと多くの方からご連絡をいただきました。**新型コロナウイルスによって気軽に人と会えない中でフリーランスとなった今、SNSの力なしには物事を前に進められないと感じています。

ONE JAPAN　幹事／大手自動車メーカー　会社員

土井雄介さん

【https://www.facebook.com/doimoi8】

自分が企画したイベントやONE JAPANの活動は逐一、**Facebook**で発信しています。**発信頻度は少なめ**ですが、エネルギーを投じて自分の活動内容や意図がしっかり伝わるように書き、すべての発信は誰でも見られるよう、**公開投稿**にしています。そのおかげで、**面識がなくFacebookの友達でもなかった社外の方が僕に目を留めてくださり、弊社社員に「おもしろい社員がいる」と紹介してくださったことがきっかけとなって、入社4年目で役員付の特命担当という肩書をいただきました。**現在、ベンチャー企業に出向し、会社がこれから大きく変わっていくための企画立案に従事しています。めずらしいキャリアを歩む人間がいると**社内から注目**され、**部署を超えた連携依頼が増えました。**

帝京大学冲永総合研究所 特任教授／Holoeyes（株）Cofounder COO

杉本真樹さん 【https://www.facebook.com/mksgmt】

ＳＮＳのよさは**発信の対象を変えられること、発信者のみならず、その周りの人やその活動までがわかり、アーカイブされること**だと思います。エンジニアの方から**Twitter**のＤＭが送られてきたのを機に彼と意気投合し、２年にわたりＶＲを医療分野で社会実装する**共同研究**をおこなってきました。その後、**Facebook**経由で案内をもらったコンテストに彼と出場して優秀賞をいただき、起業。起業にあたり、ＳＮＳは最新情報や海外の事例を集めるための貴重な情報源にもなりました。最近ではFacebookに貼ってある**YouTube動画を見たドバイの外科医からMessengerで連絡があり、共同研究が始まりました。**今はＳＮＳのおかげで海外の人とも一瞬でつながることができます。

(株)ファンベースカンパニー／ファンベースディレクター／編集

松田紀子さん

【https://twitter.com/koriko_m】

雑誌『レタスクラブ』（KADOKAWA）の編集長をつとめていた2017年、実売率が60％前後から85％へと上がり、3号連続完売を達成したため、このV字復活劇を取材してもらおうとメディア関係者に声をかけました。しかし、なかなか取材に結びつかず、「もう自分で書いたほうが早い」とある日の夜中3時ごろ一気に長文を書き上げ、**Facebook**に投稿しました。するとと翌朝にはさっそくメディアとつないでくださる方が現れました。その後、**友達限定投稿を公開に変えたところ、発信に2100件を超える「いいね！」や555件のシェアをいただく大反響に。**数多くの媒体に取り上げていただいただけでなく、雑誌のファンの方々がTwitterで盛り上がってくださってまとめ記事ができ、多くの方にシェアされました。

（株）ＰＦＵ　広報戦略室長

松本秀樹 さん　【HHKB公式Twitter　https://twitter.com/PFU_HHKB】

富士通グループがＳＮＳのガイドラインを出す以前、ＳＮＳの黎明期から実名で発信しています。ファンだったコエドビールの朝霧重治社長が**Twitter**をされているのを見つけて相互フォローする関係となり、その**3年後に初めて対面でお会いすることができました。**その後も自社商品開発に際してご相談したところ、ブランドデザイナーの方をご紹介いただいたこともあります。**テレビなどで自社商品を使っておられる経営者や著名人の方を見つけたらすぐにＳＮＳのアカウントを探してコミュニケーションを積み重ね、さらにファンになっていただく**ことも**個人アカウント**でおこなってきました。いまはこれらの方々に自社の主力商品の公式アンバサダーになっていただいています。

製造小売業　取締役

緒方 恵《めぐみ》 さん

Twitterをはじめたのは2008年です。当時は匿名で発信していました。前職で企業アカウントの「中の人」を経験し、時間と空間の枠を超えてお客様とつながれた感覚は忘れられません。同業他社の中の人同士のつながりもでき、**会社の枠を超えて情報共有し合い、みんなでPDCAを回せた**ことで成長速度が上がりました。2019年から会社のメディア力を役員それぞれで高めることになり、実名で発信するようになりました。SNSは「AKB48」のようなもので、巧遅より拙速を優先すべきです。未完成であってもいち早く発信し、それを受信したみんなでブラッシュアップする。発信者が成長すればみんなで喜びを感じることができ、さらなるパートナーシップ強化になり、新しいファンを連れてきてくれるものだと考えています。

テレビ局　プロデューサー

並木橋博士さん

報道番組の特集テーマに**Twitter**を取り上げたことがきっかけで使いはじめました。最初は匿名でしたが、「実名にしたほうがいい。あなたのつくった番組だから見ようっていう人が増えたらうれしいでしょ？」とある方から助言され、実名に切り替えました。実名で発信することは社会に対して自分が何者であるかを名乗り出ることです。その場所に立って初めてつながれる人がいます。リスクを負っている分、リターンがあります。自分を出すことが信用につながるのです。僕はTwitterもFacebookもシェアしてもらいたいから**友達限定投稿にはしていません。**そのおかげで、僕をおもしろがってくれた他業種の方とつながりができ、ともに社会貢献事業を立ち上げるなど、仕事の幅がどんどんひろがっています。

ブロガー／ライター／アドバイザー

いしたにまさき さん 【https://twitter.com/masakiishitani】

よく使っているのは**Twitter**と**tumblr**です。ＳＮＳは新しいものが出るたびに試してきましたが、ツール特性に合わせた発信を楽しんでいたら**複数の企業からお声がけいただき、ＩＴ周りのアドバイザー的な仕事をするようになりました。**日々の情報発信によって**「この人なら相談にのってくれそうだ」と思われている**ようです。人生やビジネスは年単位で動いています。**無理して人気者になろうとしなくても、自分の興味関心を発信し続けていると忘れたころに別の形でその恩恵が現れる。**自分が発信側にいればその恩恵は受けられるし、発信の何がどう効いたかもわかります。今、ビジネスパーソンや企業がアカウントをもち、発信し続けなければならない理由はそこにあると思います。

Chapter. 4

ビジネスパーソンは「逃げるが勝ち」

「火事場のヤジ馬」にならない

Chapter. 4

リターンとリスクは表裏一体

SNS発信はうまくつかえばリターンを得られます。しかし、リスクをとらなければリターンは得られません。

リスクと聞いて、みなさんが真っ先に思い浮かべるのは「炎上」でしょう。ネットにおける炎上とは、人や企業による不祥事や不適切な言動がSNS発信によって注目を集め、非難・批判が殺到する事態を意味します。ネット上での炎上が大きくなった結果、テレビのバラエティ番組やニュース番組でもくりかえし取り上げられ、さらにクレームが殺到することが年々増えています。

ビジネスパーソンも、こうした炎上とまったく無関係ではいられません。SNS発信を続けていると、もしかしたら炎上に遭遇することがあるかもしれません。自分が当事者となってしまう可能性もゼロではないのです。

対処のしかたを間違えると、組織のブランドや信用を傷つけることにもつながり、あなた個人の問題ではすまなくなります。

SNS発信をはじめるにあたり、炎上の起こる理由、炎上を起こさない発信のしかた、万が一炎上してしまった場合にどう対処するかについては知識をもっておいてください。リターンと表裏一体の関係にあるリスクについて、最後に理解を深めておきましょう。

炎上とディスカッションの違い

まず、**炎上とディスカッションは分けて考える**必要があります。発信者と読み手がたがいに見解や意見を述べ合うのは炎上ではありません。それはディスカッションです。炎上とは、あなたとは直接関係のない第三者があなたの発信に怒り、非難や批判をしてくることです。

炎上には、自分が悪い場合と、そうでない場合の2種類があります。**あなたに過失がある場合は、素直に謝りましょう。**不十分だと本格的に炎上してしまいます。「お前には関係ない」とか「自分だけが悪いわけではない」などと言い訳するとさらに事態を悪化させてしまいます。発信をさかのぼられて過去の不適切な言動まで掘り起こされ、炎上騒ぎがいっそう大きくなってしまうおそれがあります。

自分が悪くない場合も、できるだけていねいな対応を心がけます。第三者の誤解であっても、相手にそう受け取られる理由が何かあったのかもしれません。事実は間違っていなくても、言葉づかいがよくなかった可能性もあります。

自分が悪くないからといって逆上したりせず、**誤解させる余地をあたえた点については素直に認め、リアルで面識のない人と接するときのようにていねいな言葉で、落ち着いて説明する**ようにしてください。

炎上を引き起こす三つの背景

そもそも、なぜ炎上は起こるのでしょうか？　そこには三つの背景があります。

一つめは、**個人の発言が見えるようになった**ことです。インターネット、とくにFacebookやTwitterといったＳＮＳの浸透によって、個人の情報発信が容易になりました。そのため、無名の個人であってもその発言や行動は可視化され、良くも悪くも話題になりやすい状況が生まれています。情報の拡散するスピードも速くなっています。そのおかげで、個人のSNS発信が時としてメディア並みの影響力をもつことがあるのです。

二つめは、**多くの炎上が「正義感」からはじまる**ことです。炎上は「悪意」のある人がネット上に待ち構えていて、火をつけて回って起こるわけではありません。多くは第三者の「正義感」が火をつけるのです。

人によって何を正義とするかは異なります。正義の意味は一つではなく、人や立場によって変わる。そのことを意識せずに不適切、不用意な言動を発信してしまうと、人の正義感を刺激してしまうことになります。仲間内では許されていたことも、全世界の人の目にふれる場では許されない場合があることを想像しなければなりません。

三つめは、**炎上ネタをメディアが探している**ことです。一つひとつは小さなネット上の炎上でも、今はそれがネットのニュースメディアからテレビへと伝播し、急速にひろまっていきます。ある炎上がひとたび話題になると、ニュースのネタを追い求めて類似の発信を検索されたり、過去にさかのぼって見つけられたりします。

発信者が大手企業や有名企業、上場企業に勤めていた場合は、たとえそれが個人の発信であっても、その人が所属する組織の姿勢まで問われることがあります。「あの会社の人がそんなことをするなんて」という切り口でさらに話題性が増し、拡散してしまうのです。

とくに時事ネタなど、社会全体が特定の話題に注目しているタイミングでそれに関連する発信をすると、自分でも思わぬ反響が出てしまうことがあります。炎上芸人やインフルエンサーはあえてそういう話題に言及して、有名になろうとするかもしれません。しかし、ビジネスパーソンにとってはこのような発信は危険すぎます。

このように、SNS発信は、たった一人の正義感を発端に、個人や企業の問題ある言動がすぐさま話題になってしまう可能性もはらんでいるのです。

不適切なことをしなければ炎上しない

では、炎上を起こさないようにするためにはどうすればいいのでしょうか？　結論としては、シンプルです。**リアルでしないような不適切な言動をしなければいいの**

です。

ビジネスに役立てることが目的ならば、まず所属する組織に迷惑をかけないことを基本スタンスとして頭に置いてください。

SNS発信をするから炎上するのではなく、不適切なことをするから炎上する。その点を誤解しないようにしましょう。そう考えれば、炎上を必要以上に恐れて、SNS発信自体をやめてしまうことはないのです。

不適切な言動に気をつけた上で、人の正義感を刺激するような発信にも気をつけましょう。物事は白黒で片づけられることばかりではありません。人によって考えが異なるのはあたりまえのこと。その点を踏まえて、意見を発信するときは言い方に気をつけてください。**自分と異なる立場の人がいることも忘れないようにします。**

他にも、炎上を防ぐためのポイントはいくつかありますので、今後の発信にあたり、ぜひ押さえておいてください。

録音・録画されてテレビで流れても問題ないか

ネットネイティブの若い人は、SNSはプライベートでつかうイメージが強いようです。学生時代は友人や部活の仲間、せいぜい面識のある数十人だけでやりとりしているため、完全な第三者に自分の発信は見られていないとの思い込みがあるのかもしれません。しかし、社会人となり、仕事に役立てるためにSNS発信をするのであれば、その認識は変えましょう。

仲間内では許された悪ふざけも、社会人になると許されなくなります。組織の看板を背負って実名発信するならなおさらです。

今さらですが、ネット上で発信された情報は全世界で読むことや見ることができます。**コミュニケーションの内容が録音・録画されてテレビで放送されても問題ないという前提で発信しましょう。**フォロワーが大勢いようがいまいが、SNSで発信するなら、そのスタンスは変えないようにしてください。

「フィルター」をもっておく

最近では動画による発信も増えてきましたが、ビジネスパーソンによる発信はまだまだ文字によるものが主流です。**文字のコミュニケーションの難しさは、発信者の意図が伝わりにくいことにあります。**

同じ言葉でも、相手との関係性や声のトーンや表情で、からかっていっているのか、愛情もこめていっているのか、罵倒しているのか、変わってくるはずです。

これが不特定多数に向けた文字になると、どのニュアンスでいっているのかを判断する難易度が上がります。前後の文脈で判断できる場合もありますが、わからないこともあるかもしれません。読解力や行間を読む力、感覚や考え方の違いによって、同じ文章を読んでも、人によって受け止め方がまったく変わってくる可能性は大いにあります。自分はそんなつもりじゃなかったといってみても、あっというまにひろがります。ネット上で拡散されると一人ひとりに真意を説明して回ることはできないのです。

文字のコミュニケーションの難しさは想像がつくと思います。炎上を予防する観点からも、そのことに意識的になりましょう。

取り返しのつかない発信をしてしまわないよう、**自分なりの「フィルター」をもっておく**のはおすすめです。上司に読まれても問題のない内容か、自分の親が読んでびっくりしてしまうような言葉づかいをしていないか。他者の視点を借りて、アップする前に発信内容や表現、言葉づかいをチェックする習慣をつけておくと安全です。

話題に気をつけ、対立構造に入らない

人の正義感を刺激するような繊細な話題に言及するときは、十分注意してください。たとえば宗教、ジェンダーといったテーマは人によって見解がわかれますし、正解がない場合が多いです。よかれと思って発信したことでも、ちがう角度から見ると腹を立てる人が必ずいます。昔から、「商売をするときは、宗教と政治と野球の話はするな」と言われますが、まさにそのとおりです。話題には気をつけましょう。

対立構造に自分から入っていかないことも大事です。与党と野党、原発推進派と反原発派、左派と右派……。イデオロギーが対立している場に、自分から入っていかないようにしましょう。仕事で生かすための発信をしている以上、組織の看板を背負っているという自覚をもってください。

こちらから火事場を見に行かなければ、他人の炎上に巻き込まれることはまずありません。「火事場のヤジ馬」にならないようにしてください。

最初の対応を間違えない

炎上は、最初の発信で起こることはあまりありません。炎上が起こるのは、往々にしてその後の対応を間違えているからです。

間違いは誰にでもあるものです。その時、不適切な言動を認めて修正し、謝罪すれば、まず炎上することはありません。これはリアルのコミュニケーションと同じです。

仮に失礼なことを言ってしまっても「今のは失言でした、ごめんなさい」とすぐに謝れば、たいていの場合は許してもらえるものです。ネットの炎上は、この謝罪をしなかったり、ウソをついたり、相手の指摘を無視することによって発生するのです。

炎上は、「ボヤ」の段階で初期消火することが肝心です。火が大きくなると消すのはどんどん難しくなります。指摘を受けたら、冷静になって内容を見直してみましょう。相手の指摘がもっともだと思うなら、素直にすぐ謝ったほうがいいのです。

自分のことを何も知らない匿名の第三者から批判されるのは、気分が悪いものです。人格否定をされたような気がして、つい反撃したくなる気持ちもわかります。ぼくら日本人はディスカッションやディベートに慣れていませんから、相手から強い調子で何か言われると、人格否定や個人攻撃と受け取ってしまいがちです。

ただし、**本当にあなたにスキや非があったのなら絶対に反撃してはいけません。**あなたの印象が悪くなるだけでなく、さらに火を大きくされてしまうおそれがあります。仮にあなたに問題がなかったとしても、言葉を荒らげて反撃しては相手の土俵にのって売られたケンカを買ったように見えてしまいます。

ネット上の議論に勝つことはあり得ない。相手を変えることもできない。このことをまず認識しましょう。反撃しないと議論に負けたように思えて、気分が悪いかもしれません。それでも**ネット上では勝とうとしないほうが、ある意味負けないで**

すむと考えるようにしてください。売られたケンカを買ってはいけません。逃げるが勝ち、なのです。

相手から強い言葉で罵倒されて反撃したくなったら、**「満員電車」をイメージする**ことをおすすめします。もし満員電車のなかで、あなたが誰かに罵倒された場合、周りは固唾をのんであなたの対応を見守るでしょう。このとき罵倒で返してしまうと、あなたも相手と同類と思われます。

さらに、相手の罵倒に合わせるかたちであなたの言葉づかいもどんどん乱暴になっていったりすると、はじめはあなたをだまって応援していた人たちも、あなたを見放します。「喧嘩両成敗」になってしまうのです。

説明するときは場を変える

相手が勘違いをしていたり間違った認識をしていた場合、正したくなるかもしれません。それでも、**相手の意見を変えることはできないと割り切りましょう。**基本はスルーで対応します。ときどき、誰に対してもからんで回っている人がいますので、そういうクレーマー体質の人もスルーしましょう。

どうしても説明しておきたいという場合でも、一人ひとりに反論して回るのはやめましょう。**とくに短文しか投稿できないTwitterでからまれた場合は、ブログに移ることをおすすめします。**ブログに長文で自分の見解を書き、それをFacebookやTwitterでシェアするかたちで読みにきてもらうのです。

一対一で対応すると、批判された数だけ反論して回らなければなりませんし、それはまた新たな批判を呼ぶ可能性があります。それに、自分の居場所に戻ったほうが、落ち着いてコミュニケーションをすることができます。説明するときは、場を変えて、自分のふだんの発信ができるところに移ってください。

また、批判を受けてスルーしないほうがいい場合もあります。**ふだんはおだやかなのに、あなたの発信に対してとても感情的になって批判してきた人の場合**です。あなたの発信の何かが相手の正義感をゆさぶってしまっている可能性があります。そういうときは、ぼくは逆に、**積極的に理由を聞きにいく**ようにしています。

相手が良識ある人なら、自分の何が相手を怒らせてしまっているのか学んだほうがいいと思います。こうした経験を積んでいくと、だんだんと炎上の回避能力は上がっていきます。

自分のことをよく知っている身近な人からの指摘も、真剣に受け止めてください。あなたの背景を知った上での指摘や助言ですから、聞いておくとためになるはずです。また、実名で助言してくれる見知らぬ人からの指摘もスルーしないほうがいいでしょう。親切心から指摘をくれている可能性があります。ていねいに対応しましょう。


炎上するまではなかったのですが、ここで、ぼく自身の失言の事例を共有します。

2010年のサッカーW杯で日本代表とパラグアイ代表との試合が予定されていた夜のことです。ぼくは飲み会に参加しました。23時キックオフだったため、飲み会に行っても十分に試合開始に間に合うと判断しての参加でした。ところが帰りの電車が突然止まってしまいました。人身事故が発生したのです。あと30分ほどでキックオフというタイミングで、ぼくはかなりあせりました。

そこで反射的に「#代表」のハッシュタグをつけ、電車が止まったことに対して怒りのツイートをしてしまったのです。ハッシュタグを入れていましたから、ぼくとつながりのない、不特定多数の人がツイートを見ることができる状態でしたが、誰にも聞かれていない独り言のようなつもりで書いてしまったのです。

するとすぐに「不謹慎じゃありませんか？」という趣旨の複数のリプライがきました。誰か亡くなっているかもしれないのに、なんてことをいってしまったのだろう。リプライを見て、ぼくは我に返りました。

すぐさま反省し、リプライをくれた人たちに「軽率でした。ちょっと泡を食ってしまって。ごめんなさい」と返信をしました。ツイートを消すという選択肢もありましたが、逃げるようなことはしたくないと、反省と自戒をこめて今も残しています。

さいわい、指摘をくれた方々からそれ以上の非難が寄せられることはありませんでした。「その発信は危ないよ」と、教えるつもりでリプライをくれたのでしょう。「悪意」のリプライでないというのがポイントです。ぼくの不用意な発言が、まさにツイートを読んだ人たちの「正義感」を刺激したのが原因です。しかも、世間がワールドカップ一色になっているタイミングで。

ここでぼくが相手に反論したり、自分の非を認めず謝らなかったら、本格的に炎上していたかもしれません。

エゴは認め、フィードバックに感謝する

ある意見には、必ず反対の意見が存在します。ネット上での発信がかんたんにできるようになったということは、知らない人に自分の意見を聞いてもらえるかわりに、反対意見の人からのフィードバックが返ってくる可能性もあるということです。発信をするなら、**自分と違う意見を聞かされたり、反論が返ってきたりするのはあたりまえ**だと認識しておきましょう。

ぼくらがSNS発信をするのは、自分の意見と異なる見方を得て仕事に生かすためです。そう思わなくては、反論された瞬間に「どうしてそんなひどいことを言うの？」と感情的になってしまいます。指摘されるのは嫌、人の意見は聞きたくないという人は発信をしないほうがいいでしょう。

そもそも、個人が発信をすること自体が、ある種のエゴイズムを含む行為です。自分の話を聞いてほしい、宣伝したい、キャリアアップしたいというエゴがあるから発

信しているのです。その事実を、まずは自分のなかで認めましょう。そのエゴがある以上、あなたのことをネガティブに受け取る人は必ずいます。

批判的な内容も含めて、発信に対するリアクションをもらえることは、自分の成長のための貴重なフィードバックになっているはずです。**まっとうな指摘や批判は、自分のコミュニケーションスキルの課題を浮き彫りにしてくれている**かもしれません。

そんなふうに考えることができれば、寄せられた指摘や批判に対して感情的になることはなくなります。ポジティブに、とまではいかなくとも、そうした反応をニュートラルに受け止めることはできるのではないでしょうか。

とはいうものの、ぼくもきつめのコメントをいただいた日は、そのことが気になって、ランチがのどを通らなかったりもします。日々修行です。

SNSによる発信はリターンもあればリスクもある、諸刃《もろは》の剣です。インターネットやSNSのしくみに由来する炎上のリスクがある以上、何でも発信していいわけではありません。

しかし、やってはいけないこと、やらないほうがいいことを差し引いても、SNS

発信はうまくつかえば、ビジネスパーソンにとって十分なリターンをもたらしてくれます。不適切な発信や、人の正義感を不用意に刺激する内容は避けながら、うまく発信を続けていきましょう。

Epilogue

本を閉じる前にアカウントをつくろう

インターネットがあってよかった。ＳＮＳがあってよかった。

今、心の底からそう感じています。

２０１９年末にこの本の企画がはじまり、今日までの間に、新型コロナウイルスの影響で世界のコミュニケーションの姿は大きく変わってしまいました。

緊急事態宣言下で、ぼくたちは飲み会やイベントはもちろん、会社への出勤や、学校への通学も自粛を余儀なくされる事態に追い込まれました。

ただ、自宅でリモートワークをしながらふと気がついたのは、じつはＳＮＳでつながっている友人や同僚とのコミュニケーションは、ウイルスに影響を受けないどころか、かえって強くなった面があったという点です。

ＳＮＳの活用が進んでいる企業、デジタル化が進んでいる企業は、コロナ禍においても技術を活用して企業活動を止めずに、前に進むことができていました。

インターネット上はコロナフリーだったからです。

15年前、ぼくはブログに人生を救われたこともあり、自分みたいな会社員がもっとブログやＳＮＳをはじめれば良いのに、とことあるごとに周りにすすめていました。

ただ、その当時、普通の会社員の方々には、あまりまともに相手をしてもらえなかった歴史があります。

日本は国土が狭く、多くの場合言語も通じやすいので、リアルのコミュニケーションがとりやすい国です。そのため、ネットやSNSというのは、どうしても一部の人のための「特殊な」ツールとして扱われてきました。いまだに多くのシニア世代、とくに経営者や政治家など権力のある地位にいる人ほど、ネットやSNSをつかいこなしていません。つかいこなさなくても、インターネット以前の仕事のやり方でとくに問題を感じずにすんでいたというのが大きいでしょう。

その結果、日本は世界的に見て、デジタル化で遅れている国になってしまいました。

これまで、日本社会や日本企業においては、ネットやSNSに詳しい人というのは、「特殊な」人として、ある種の偏見をもたれていじられたり、浮いた存在になりがちだったように思います。

ただ、今回のコロナ禍で、そうしたSNS活用やデジタル化の遅れが、企業にも、ぼくたち会社員にも深刻な影響をもたらすことは明らかになりました。

デジタル活用が進んでいた企業のなかには、じつは全社員でのリモートワークに切り替えた結果、逆に業務の無駄を削れて効率が上がった企業すらあるのです。

ぼく自身、去年からブログやSNSのように情報発信ができる日本のプラットフォーム企業であるnote株式会社で仕事をしていますが、15年前とは比べものにならないぐらい大勢の方が、ネット上のコミュニケーションに挑戦しはじめているのを目の当たりにしています。

いよいよ、ネットやSNSが「普通」になる時代が目の前に来ているのを感じます。

もちろん、みなさんが会社でネットやSNSの話をすると、ひょっとすると上司や管理部門の人たちから、ネットやSNSは危ないとか、自分の会社には関係ないという反応をされることがあるかもしれません。

ただ、その反応は電話やテレビが登場したときに、「電話やテレビは危ない」と言っていた人たちと同じではないでしょうか?

ひょっとしたら明治維新で、チョンマゲや帯刀をやめることができなかった頭の固い武士と同じかもしれません。

じつはSNSもブログも、電話やメールと同じコミュニケーションツールです。

いまだにネット上で実名をさらすのに抵抗がある方が多いのは理解できますし、実際大企業の方が会社の看板を背負ったまま実名を出すことにはリスクもあります。

また、これまでSNS上で目立っていたインフルエンサー的な人たちのSNS活用術が、とくに「普通」の会社員の方にとってはリスクが大きかったのも事実です。組織の看板を背負っている人が、SNS上で本音や批判を書き続けていれば、組織に属さない個人よりも、炎上したりトラブルに巻き込まれる危険性が高くなります。

ただ、これからみなさんが自分の名前でビジネスの世界で勝負していきたいのであれば、実名を出すことには間違いなくメリットがあります。

多くの人が普通にネット上で、実名で、コミュニケーションをするようになれば、ネットやSNSの価値はさらに上がりますし、実名を出すこと自体が珍しくなくなっていくでしょう。

リアルであっても、ネットであっても、アナログであっても、デジタルであっても、コミュニケーションをとっているのはぼくたち人間です。

人間同士がコミュニケーションをしている以上、ネットもSNSもじつは特殊な場所ではありません。やはり「リアルの延長線上」でつかってこそ、ネット上での発信は回り回って、リアルにもいい影響をあたえてくれるのだと確信しています。

最後に、この本を読んでくださったみなさんにお願いしたいことがあります。

まだSNSやブログのアカウントをお持ちでなければ、ぜひ、本を閉じる前にアカウントをつくってみてほしいのです。

そして、「傾聴」と「リアクション」からはじめてみてください。

巻末に、ビジネスパーソンの方々におすすめしたいアカウントのリストを閲覧できるURL（QRコード）をつけました。まずは自分と同じ、または近い業界の人、気になる人の発信を「傾聴」し、ご自身の発信の参考として役立ててください。

既にこの本に書いてあるような基本的なことは実践しているよ、という方はこの本を同僚や後輩に渡してあげてください。SNS上に仕事の議論をできる仲間が増えれば、絶対におたがいのメリットになります。

みなさんがSNSをはじめることは会社のためにもなります。自分の所属する組織や業界を盛り上げるために、発信や議論にチャレンジしてみてください。

リアルの「分身」をネット上に置いて、まだ見ぬ世界の人たちとコミュニケーションをとりながらネットワークをひろげ、リアルでできることをどんどん拡張していきましょう。ＳＮＳ発信を続けて小さな成功体験が得られたら、それを組織内でも共有して、ＳＮＳ発信の仲間を増やしていきましょう。

なお、ふだんからぼくのnoteを読んでくださっている方なら気がつかれたかもしれませんが、この書籍はじつはぼく一人ではなく、複数の方々に支えていただいたプロジェクトとして制作されました。

これまでの著作は自分で執筆してきましたが、今回の本はあえて、「教科書」という名のかっちりしたものにするために、ライターの横山瑠美さんのお力を借りて、歯切れ良くハッキリと読みやすい文章にしていただきました（ふだんのぼくがネット上で書いている文章、つまり「徳力メソッド」特有の結論のないものではなく）。

ぼく一人の特殊事例ではなく、さまざまな事例をかさねることができたのは、ぼくのnote上での呼びかけに答えていただいた１００人近いＳＮＳ上の友人の方々と、実際にインタビューにご対応いただいた20人以上の方々のおかげです。

15年前に一度あきらめたブログやSNSの啓発活動に、再び力を入れてみようと思うことができたのは、加藤貞顕さん、深津貴之さんをはじめとしたnoteの社員やクリエイターのみなさんとの出会いのおかげです。

また、ぼくが10年後ぐらいに出せたらなぁと思っていた「教科書」をタイトルにいれた本をこのタイミングで出すことができたのは、本の企画を提案してくれたアップルシード・エージェンシーの遠山怜さんと、その企画を通していただいた朝日新聞出版の森鈴香さんのおかげです。

そして、その「教科書」をタイトルにいれるという決断に、たいして文章力や影響力があるわけでもない「普通」のぼくが今回踏み切ることができたのは、ブログやSNSの世界に足を踏み入れてから、さまざまなかたちでリアクションやアドバイスや勇気をくれた師匠や友人のおかげです。

そしてもちろん、オンラインゲーム廃人になりかけていたぼくが、ブログやSNSにそのパワーを転換できたのは、妻と息子たちのおかげです。

全員の名前は書ききれませんが、この場を借りてみなさまに、改めて御礼を申し上げます。本当にありがとうございます。

この本のタイトルである「普通の人」の「普通」という言葉は、人によっては「平凡」とネガティブに受け取るかもしれません。

ただ「普通」という言葉は「ひろく通用する状態」を意味する言葉でもあります。

ぼくは、一部の過激なインフルエンサー的な発言や行動をしなくても、「普通」の会話をSNSでしてみるだけで、多くの人にメリットがあると信じています。

ぼくは、ブログとSNSに人生を救われました。

ぼくだけでなく、本書に協力していただいた多くの方の逸話からもわかるように、SNSには思いがけない良いハプニングを引き起こす可能性がたくさん眠っています。

是非そのハプニングを、一つずつのんびり楽しんでください。

これからの「ニューノーマル」の世界で、ビジネスパーソンがSNS発信をしていることが「普通」になることを願って。

「普通」のブロガー　徳力基彦

追伸

この本の感想やコメント、そしてみなさん自身が、ＳＮＳをはじめて良かったことを、ぜひ「＃ＳＮＳの教科書」とハッシュタグをつけて、Twitter や note などに投稿していただければ幸いです。

感想やコメントがない方でも、もしこの本を読んでＳＮＳをはじめたという方がいらっしゃったら、ぜひ、その最初の投稿に同じく「＃ＳＮＳの教科書」と入れて投稿してください。

全部の投稿にお返事はできないかもしれませんが、どの投稿にも必ず目を通すことをお約束します。

巻末付録

本書の付録として、76ページで紹介した、組織のなかでとくに決まったSNS利用申請書がない場合に使ってみてほしいひながたを用意しました。

また、組織に属するビジネスパーソンがSNSをはじめるにあたり、参考になりそうなSNSのアカウントリストをつくりました。いろいろな人の発信を見ていくと、自分はどんなふうにしたいのか、どんなことならできそうか、といったことを考えやすくなります。

また、どんな書き方だと読みたくなるか、どう書けば不快感を与えないかという点でも勉強になるでしょう。

① 社内で使えるＳＮＳ利用申請書　**（76ページ参照）**

② ビジネスパーソンにおすすめのアカウントリスト

いずれも、下記ＵＲＬ、ＱＲコードでアクセスできます。

https://note.com/tokuriki/n/n56937618a1a7

本書の中で事例を掲載するにあたり
(p168からのColumn3)、
ぼくのnote上で、
「個人でツイッターやブログを使っていたら、
仕事に役立つ出会いやハプニングがあったよ、という話を是非教えてください。」
と呼びかけたところ100人近い方に反応いただきました。
紙幅に限りがあり、すべての方々をご紹介できなかったのですが、
あらためてこちらで御礼をさせてください。

石井宏司さん、大西理さん、おくむらなつこさん、長橋明子さん、
片山玲文さん、渡辺聡さん、新井秀美さん、秋山宏次郎さん、棗田眞次郎さん、
北澤一樹さん、石川雄一郎さん・曹永忍さん、寺田和紀さん、前田とまきさん、
ako*さん、職業「戸倉彩」さん、美谷広海さん、inuroさん、
ユッキー@毎日ビールさん、中崎倫子さん、ヒロツマサキさん、木本俊光さん、
相内遍理さん、か〜ねるさん、タカバシショウヘイさん、上村充弘さん、
堀江賢司さん、LOOKME小南優作さん、望月大作さん、村井百恵さん、
折出賢一さん、べにぢょさん、コグレマサトさん、中山記男さん、
梅下武彦さん、鬼塚健太郎さん、瀬川義人さん、宮崎直人さん

このたびは、ご協力いただきありがとうございました。

徳力基彦

徳力基彦（とくりき・もとひこ）
note株式会社　noteプロデューサー／ブロガー
アジャイルメディア・ネットワーク株式会社　アンバサダー／ブロガー

1972年生まれ。NTTやIT系コンサルティングファームなどを経て、アジャイルメディア・ネットワーク設立時からブロガーの一人として運営に参画。代表取締役社長や取締役CMOを歴任し、現在はアンバサダープログラムのアンバサダーとして、企業のソーシャルメディア活用についての啓発活動を担当。note株式会社では、noteプロデューサーとして、ビジネスパーソンや企業におけるブログやソーシャルメディアの活用についてのサポートを行っている。個人でも、日経MJやYahooニュース！個人のコラム連載など、幅広い活動を行っており、著書に『顧客視点の企業戦略――アンバサダープログラム的思考』（共著、宣伝会議）、『アルファブロガー―― 11人の人気ブロガーが語る成功するウェブログの秘訣とインターネットのこれから』（共著、翔泳社）などがある。

自分《じぶん》の名前《なまえ》で仕事《しごと》がひろがる
「普通《ふつう》」の人《ひと》のためのSNSの教科書《きょうかしょ》

2020年8月30日　第1刷発行

著者　徳力基彦
発行者　三宮博信

発行所　朝日新聞出版
〒104-8011　東京都中央区築地5-3-2
電話　03-5541-8814（編集）
03-5540-7793（販売）

印刷所　大日本印刷株式会社

Published in Japan by Asahi Shimbun Publications Inc.
ISBN 978-4-02-331881-6